基坑开挖卸荷对地铁隧道变形规律影响及机理分析

JIKENGKAIWAXIEHEDUIDITIESUIDAOBIANXINGGUILVYINGXIANGJIJILIFENXI

孙华圣 著

西北工业大学出版社

西安

图书在版编目(CIP)数据

基坑开挖卸荷对地铁隧道变形规律影响及机理分析/孙华圣著. —西安：西北工业大学出版社，2018.5
 ISBN 978-7-5612-6005-0

Ⅰ.①基… Ⅱ.①孙… Ⅲ.①基坑—基础开挖—影响—地铁隧道—研究 Ⅳ.①U231.3

中国版本图书馆 CIP 数据核字(2018)第 112981 号

策划编辑：付高明　李栋梁
责任编辑：付高明

出版发行	西北工业大学出版社
通信地址	西安市友谊西路 127 号　　邮编：710072
电　话	(029)88493844　88491757
网　址	www.nwpup.com
印刷者	陕西奇彩印务有限责任公司
开　本	787 mm×1 092 mm　　1/16
印　张	11
字　数	262 千字
版　次	2018 年 5 月第 1 版　　2018 年 5 月第 1 次印刷
定　价	50.00 元

前言

　　随着经济社会的不断发展,越来越多的基坑工程也不断地出现在地铁隧道的周围。其中,部分邻近开挖的基坑工程必然会引起隧道的横向和纵向不均匀变形,严重时还会造成地铁轨道的扭曲,从而对隧道的安全和地铁列车正常运行带来严重的影响。因此,有效而又合理地预测基坑开挖引起周围隧道的严重变形,理解和掌握隧道的变形规律和变形机理,对确保地铁隧道的安全具有十分重要的理论和现实意义。

　　目前,许多学者对基坑开挖引起隧道变形这一课题进行了深入的研究。然而,现有的研究尚不能有效地描述基坑开挖引起地铁隧道的变形规律和变形机理,还存在着解析解答较复杂、离心模型试验较少、数值模拟采用的本构模型较简单等问题。此外,研究因素主要涉及隧道和基坑的相对位置、隧道刚度、基坑开挖尺寸等,缺乏对土体的基本性质(如土体相对密实度)、支挡结构的刚度等因素的研究。针对以上问题,本书开展了解析解答、离心模型试验以及数值模拟分析,提出了基坑开挖引起隧道变形的简便预测模型,研究了土体的相对密实度以及支挡结构的刚度对隧道变形规律的影响,分析了影响机理,系统研究了基坑开挖的三维效应(基坑开挖的尺寸、隧道与基坑的相对位置等)对隧道变形的影响。

　　本书的创新之处主要包括以下几方面。

　　(1)提出了能够预测基坑开挖卸荷引起隧道变形的三维显式解析模型。该解答不仅可以考虑基坑底部的竖向应力释放对周围地基变形的影响,而且可以考虑基坑侧壁的水平应力释放引起的地基变形。该方法计算简便,经验证可以用于初步评估隧道的竖向位移。

　　(2)开展离心模型试验研究了土体的相对密实度以及支挡结构的刚度对隧道变形规律的影响,揭示了变形机理,为工程实践中采用经济合理的加固方式提供了科学依据。

　　(3)采用能够考虑土体小应变以及应力路径依赖性的亚塑性模型(Hypoplastic model)开展了三维有限元分析,研究了土体的相对密实度、支挡结构刚度、基坑的开挖尺寸、隧道与土体的相对位置等因素对隧道变形规律的影响,并分析了变形机理,给出了设计图表,方便工程应用。

　　(4)在离心模型试验及大量有限元模拟的基础上,给出了计算基坑开挖引起隧道位移的简化求解公式,并验证了其适用性和合理性。

  本书是淮阴工学院教师孙华圣在得到国家自然科学基金(项目批准号:51708245)、江苏省自然科学基金(项目批准号:BK20160426)和江苏省住建厅科技计划项目(项目批准号:2017ZD124)资助的基础上完成的。本书也得到了香港科技大学吴宏伟教授和河海大学雷国辉教授的指导和帮助。在此对这些资助和帮助表示感谢。本书的研究成果可为科技工作者、高校教师、工程技术与管理人员、研究生提供关于基坑—隧道—土体相互作用方面的理论和实践指导。

  鉴于土与结构相互作用理论的复杂性以及作者能力和研究水平的有限,书中难免存在不足之处,敬请读者予以批评指正。

著 者

2018 年 4 月

目 录

第1章 绪论 ··· 1
  1.1 概述 ··· 1
  1.2 基坑开挖对天然地基变形影响的研究现状 ································ 2
    1.2.1 现场监测 ·· 2
      1.2.1.1 地表沉降 ··· 2
      1.2.1.2 基坑坑底隆起 ·· 4
      1.2.1.3 支挡结构水平位移 ·· 4
    1.2.2 数值模拟 ·· 5
      1.2.2.1 系统刚度和场地条件的影响 ··································· 5
      1.2.2.2 开挖尺寸的影响 ·· 5
    1.2.3 解析解答 ·· 5
    1.2.4 离心模型试验 ·· 6
  1.3 基坑开挖卸荷对既有隧道影响的研究现状 ······························ 7
    1.3.1 隧道横向和纵向内力及变形规律研究 ······························· 7
      1.3.1.1 现场实测法 ··· 7
      1.3.1.2 数值模拟 ··· 8
      1.3.1.3 解析分析 ·· 10
      1.3.1.4 离心模型试验 ·· 11
    1.3.2 基坑开挖引起隧道内力和变形的影响因素研究 ······················ 12
      1.3.2.1 隧道衬砌刚度的影响 ·· 12
      1.3.2.2 基坑开挖尺寸的影响 ·· 12
      1.3.2.3 隧道与基坑的水平间距和竖向间距 ···························· 12
      1.3.2.4 基坑施工工况及支护与加固方法 ······························ 12
    1.3.3 本构模型在基坑开挖对隧道影响模拟中的应用研究现状 ············· 13
  1.4 存在的问题 ·· 14
    1.4.1 现有的解析解答需借助数值积分的方法求解 ························ 14
    1.4.2 开展离心模型试验再现土体应力水平势在必行 ······················ 14

  1.4.3 土体相对密实度和支挡结构刚度对隧道变形影响机理不明确…………… 15
  1.4.4 考虑土体劲度的应力应变依赖性是合理开展数值模拟的关键 ………… 15
 1.5 本书的研究内容及技术路线……………………………………………………… 16

第2章　基坑开挖卸荷对隧道变形影响的三维解析模型 …………………………… 18
 2.1 概述………………………………………………………………………………… 18
 2.2 解答推导过程……………………………………………………………………… 18
  2.2.1 基本假定 ………………………………………………………………… 18
  2.2.2 计算模型 ………………………………………………………………… 19
  2.2.3 基本公式 ………………………………………………………………… 20
   2.2.3.1 水平三角形荷载作用在竖向矩形面上的位移解答 …………… 22
   2.2.3.2 竖向均布荷载作用在水平向矩形面上的位移解答 …………… 22
  2.2.4 基本解答的验证 ………………………………………………………… 23
  2.2.5 求解方法 ………………………………………………………………… 23
 2.3 解答验证…………………………………………………………………………… 24
  2.3.1 对比现场监测 …………………………………………………………… 24
  2.3.2 对比数值模拟 …………………………………………………………… 25
  2.3.3 对比离心模型试验 ……………………………………………………… 26
 2.4 参数分析…………………………………………………………………………… 28
  2.4.1 基坑开挖长度的影响 …………………………………………………… 28
  2.4.2 基坑开挖宽度的影响 …………………………………………………… 30
  2.4.3 基坑开挖深度的影响 …………………………………………………… 31
  2.4.4 隧道埋深的影响 ………………………………………………………… 32
  2.4.5 隧道中心与基坑中心的距离的影响 …………………………………… 33
  2.4.6 土体弹性模量的影响 …………………………………………………… 34
 2.5 讨论………………………………………………………………………………… 36
 2.6 本章小结…………………………………………………………………………… 36

第3章　基坑开挖卸荷对隧道变形影响的三维离心模型试验设计 ………………… 37
 3.1 离心模型试验概述………………………………………………………………… 37
  3.1.1 几种岩土物理模拟技术简介 …………………………………………… 37
  3.1.2 岩土离心模拟技术的基本原理 ………………………………………… 39
  3.1.3 离心模拟技术的运动学原理 …………………………………………… 40
  3.1.4 离心模拟的相似比 ……………………………………………………… 41
 3.2 量纲分析…………………………………………………………………………… 41
  3.2.1 量纲分析基础 …………………………………………………………… 42
   3.2.1.1 基本量与导出量 ………………………………………………… 42
   3.2.1.2 量纲分析的依据 ………………………………………………… 42
  3.2.2 开挖卸荷对既有隧道影响问题的相关参数 …………………………… 43
  3.2.3 量纲归一化 ……………………………………………………………… 44
 3.3 离心模型试验方案………………………………………………………………… 45

     3.3.1 第一组试验 CD68 和 CD51……………………………………… 46
     3.3.2 第二组试验 SD69 和 SS70……………………………………… 46
   3.4 离心模型试验设计………………………………………………………… 51
     3.4.1 离心机……………………………………………………………… 51
     3.4.2 模型箱尺寸………………………………………………………… 51
     3.4.3 试验用土…………………………………………………………… 52
     3.4.4 密度标定…………………………………………………………… 53
     3.4.5 模型支挡结构设计………………………………………………… 54
     3.4.6 模型隧道制作……………………………………………………… 55
     3.4.7 模型量测…………………………………………………………… 56
       3.4.7.1 地表沉降和基坑坑底隆起量测……………………………… 56
       3.4.7.2 隧道位移及变形量测………………………………………… 56
       3.4.7.3 隧道纵向和横向弯矩量测…………………………………… 57
     3.4.8 开挖模拟系统……………………………………………………… 57
     3.4.9 模型安装制备……………………………………………………… 58
     3.4.10 试验模拟进程…………………………………………………… 59
   3.5 本章小结…………………………………………………………………… 59

第4章 基坑开挖卸荷对隧道变形影响的三维数值模型建立………………… 61
   4.1 概述………………………………………………………………………… 61
   4.2 有限元软件………………………………………………………………… 61
   4.3 土体、隧道、支挡结构本构模型选择…………………………………… 62
     4.3.1 亚塑性本构模型理论基础………………………………………… 62
     4.3.2 考虑土体小应变的亚塑性模型…………………………………… 63
     4.3.3 亚塑性模型参数及标定方法……………………………………… 65
   4.4 离心模型试验的数值计算模型及目的…………………………………… 66
     4.4.1 有限元网格、边界条件及单元类型选择………………………… 66
     4.4.2 本构模型及模型参数……………………………………………… 66
     4.4.3 有限元模拟过程…………………………………………………… 67
   4.5 数值参数分析计算模型及目的…………………………………………… 67
   4.6 三种不同土体本构模型对隧道变形的预测能力研究…………………… 68
   4.7 本章小结…………………………………………………………………… 68

第5章 土体相对密实度和支挡结构刚度对隧道变形影响的离心试验及数值分析… 71
   5.1 概述………………………………………………………………………… 71
   5.2 离心模型试验结果与分析………………………………………………… 72
     5.2.1 支挡结构后的地表沉降…………………………………………… 72
     5.2.2 基坑坑底隆起……………………………………………………… 73
     5.2.3 隧道纵向位移……………………………………………………… 74
     5.2.4 隧道横截面变形…………………………………………………… 75
     5.2.5 隧道横截面弯矩及弯曲应变……………………………………… 77

5.2.6 隧道纵向弯矩及弯曲应变	78
5.3 离心模型试验的模拟与分析	81
5.3.1 隧道顶部纵向竖向位移	81
5.3.2 隧道顶部和底部土体的竖向应力及劲度变化	83
5.3.3 隧道与基坑周围土体的位移矢量图	84
5.3.4 隧道横截面衬砌直径变化	85
5.3.5 隧道横截面附加弯曲应变	87
5.3.6 隧道衬砌周围土压力	89
5.3.7 隧道纵向附加弯曲应变	90
5.4 本章小结	91
第6章 基坑开挖卸荷对隧道变形影响的三维数值模拟分析	**93**
6.1 概述	93
6.2 数值模拟方案	93
6.3 土体相对密实度及支挡结构刚度对位于基坑正下方隧道的影响	94
6.3.1 不同土体相对密实度对隧道的影响	94
6.3.1.1 隧道纵向隆起	94
6.3.1.2 隧道横向变形	95
6.3.1.3 隧道横截面弯曲应变	95
6.3.1.4 隧道纵向弯曲应变	96
6.3.2 不同支挡结构刚度对隧道的影响	97
6.3.2.1 隧道纵向隆起	97
6.3.2.2 隧道横向变形	99
6.3.2.3 隧道横截面弯曲应变	100
6.3.2.4 隧道纵向弯曲应变	101
6.4 土体相对密实度及支挡结构刚度对位于基坑外侧隧道的影响	102
6.4.1 隧道位移随土体相对密实度的变化($C/D=2$, $H_e=9$ m)	102
6.4.2 隧道位移随支挡结构刚度的变化($C/D=2$, $H_e=9$ m)	103
6.4.3 支挡结构刚度对墙后土体水平位移的影响($C/D=2$, $H_e=9$ m)	106
6.4.4 土体相对密实度对隧道的影响($C/D=1$, $H_e=15$ m)	107
6.4.4.1 隧道顶部纵向位移	107
6.4.4.2 隧道横向变形	108
6.4.4.3 隧道纵向弯曲应变	108
6.4.5 支挡结构刚度对隧道的影响($C/D=1$, $H_e=15$ m)	109
6.4.5.1 隧道纵向沉降	109
6.4.5.2 隧道横向变形	110
6.4.5.3 隧道纵向弯曲应变	110
6.5 基坑开挖尺寸对隧道变形的影响	112
6.5.1 基坑开挖长度的影响	112
6.5.1.1 隧道顶部竖向位移	112

  6.5.1.2 隧道横截面变形 ………………………………………………………… 113
  6.5.1.3 隧道纵向弯曲应变 ………………………………………………………… 115
 6.5.2 基坑开挖宽度的影响 …………………………………………………………… 116
  6.5.2.1 隧道顶部竖向位移 ………………………………………………………… 116
  6.5.2.2 隧道横截面变形 …………………………………………………………… 119
  6.5.2.3 隧道纵向弯曲应变 ………………………………………………………… 120
 6.5.3 基坑开挖深度的影响(隧道位于基坑正下方,$C/D=3$,$H_e=15$ m) ……… 122
  6.5.3.1 隧道顶部竖向位移 ………………………………………………………… 122
  6.5.3.2 隧道横截面变形 …………………………………………………………… 123
  6.5.3.3 隧道纵向弯曲应变 ………………………………………………………… 124
 6.5.4 基坑开挖深度的影响(隧道位于支挡结构外侧,$C/D=1$,$H_e=15$ m) …… 125
  6.5.4.1 隧道顶部纵向位移 ………………………………………………………… 125
  6.5.4.2 隧道横截面变形 …………………………………………………………… 128
  6.5.4.3 隧道纵向弯曲应变 ………………………………………………………… 129
6.6 隧道纵向隆起归一化 ………………………………………………………………… 130
 6.6.1 离心模型试验验证 ……………………………………………………………… 132
 6.6.2 现场试验验证 …………………………………………………………………… 132
6.7 本章小结 …………………………………………………………………………… 135
 6.7.1 隧道位于基坑正下方 …………………………………………………………… 136
 6.7.2 隧道位于基坑外侧 ……………………………………………………………… 136

第7章 结论与展望 ……………………………………………………………………… 138
7.1 总结 ………………………………………………………………………………… 138
7.2 展望 ………………………………………………………………………………… 140

附录 三种不同土体本构模型对基坑开挖卸荷引起隧道变形问题的预测能力研究 … 142
A.1 概述 ………………………………………………………………………………… 142
A.2 离心模型试验描述 ………………………………………………………………… 143
A.3 有限元模拟 ………………………………………………………………………… 143
 A.3.1 有限元网格及边界条件 ………………………………………………………… 143
 A.3.2 本构模型及模型参数 …………………………………………………………… 144
  A.3.2.1 Mohr‑Coulomb 模型 ……………………………………………………… 144
  A.3.2.2 Duncan‑Chang 模型 ……………………………………………………… 145
  A.3.2.3 Hypoplastic 模型 ………………………………………………………… 146
  A.3.2.4 模型参数标定 …………………………………………………………… 147
 A.3.3 有限元模拟过程 ………………………………………………………………… 148
A.4 数值模拟结果对比 ………………………………………………………………… 148
 A.4.1 基坑坑底隆起 …………………………………………………………………… 148
 A.4.2 隧道纵向隆起及隆起梯度 ……………………………………………………… 149
 A.4.3 隧道横截面衬砌直径变形 ……………………………………………………… 150
 A.4.4 隧道横截面弯曲应变 …………………………………………………………… 150

  A.4.5 隧道纵截面弯曲应变 ………………………………………… 151
  A.4.6 数值模拟结果总结 …………………………………………… 152
 A.5 土体应力、应变以及劲度分析 …………………………………… 152
  A.5.1 隧道周围土体应力和劲度分布 ……………………………… 152
  A.5.2 隧道周围土体应变分布 ……………………………………… 154
  A.5.3 考虑土体的小应变特性在工程实践中的意义 ……………… 155
 A.6 小结 …………………………………………………………………… 156
参考文献 ………………………………………………………………………… 157

第1章 绪 论

1.1 概 述

随着我国经济社会的发展,各大城市的建设规模不断扩大,由此产生了大量的基坑工程。在城市地区进行基坑工程开挖,由于交通线路及建筑密集分布,要求基坑工程在建设过程中不仅要注意自身的安全稳定,更要做好对周围建筑物的保护措施,确保周围地基及建筑物的应力和变形在合理的范围内。根据对大量工程实例的研究发现,基坑工程事故通常包括基坑塌方及大面积滑坡,坑外地基沉降引起的周围建筑物的变形或破坏,支挡结构的位移过大或破坏。可见,评估基坑工程的安全及其对周围环境的影响是岩土工程中的重要课题。

地铁隧道在城市发展过程中发挥着重要的作用,极大地缓解了城市的交通状况。为了有效地利用地下空间,越来越多的基坑工程位于已建隧道周围。地铁隧道在使用阶段不可避免地要受到周围各种施工活动的影响,这对基坑工程的要求也越来越高,不仅要确保基坑本身的安全,也要考虑周围已建隧道的安全和正常运行。如何控制基坑开挖卸荷对既有隧道的影响在合理的范围内对保障人们生命财产安全具有十分重要的现实意义。

侯学渊等(2000)[1]指出:基坑工程周边的建筑物或地下管线或隧道的抵抗变形及不均匀变形的能力是有一定限度的。当基坑邻近地铁隧道(地铁隧道要求绝对变形不能超过 20 mm,曲率必须小于 1/15 000)时,单纯保证基坑工程的稳定远不能满足如此严格的变形要求,所以采用现有基坑工程的设计理论(强度控制设计)和常规施工技术已难以达到保护基坑周围环境的要求;在实际工程中基坑支挡结构除满足强度要求外,还应控制其变形,基坑的设计也应从传统的强度控制转变为变形控制,以免对周边环境造成破坏。可见,研究基坑开挖卸荷对正常使用时的隧道响应具有十分重要的理论和现实意义。首先,可以理解和掌握基坑开挖卸荷对隧道的影响程度和变形规律;其次,通过掌握基坑开挖卸荷对地铁隧道的影响程度和变形规律,从而可以对地铁隧道的正常使用起预测、保护作用;此外,还可以对类似工程起到借鉴作用。

针对基坑开挖对隧道的影响这一课题,很多学者对此进行了卓有成效的研究。然而,考虑到土与隧道相互作用这一问题的复杂性,很多问题还需要研究。基于众多学者(Peck 1969a & b[2,3];Mana & Clough 1981[4];Wong & Broms 1989[5];Clough & O'Rourke 1990[6];Hashash & Whittle 1996[7];Burd 等 2000[8])对土与结构相互作用这一问题的研究,相关类似问题概括如下:

(1)周围土体的劲度与强度特性,如各向异性,非线性,应力应变依赖性,松散粘滞性等。
(2)在土与结构相互作用过程中孔隙水压力的变化,土体固结对预测结果的影响。
(3)支挡结构的类型及刚度。
(4)土与结构的接触面性质。
(5)邻近结构的基础型式。
(6)隧道衬砌的刚度及型式。
(7)结构尺寸及之间的距离。
(8)开挖顺序及施工工艺。

可见,基坑开挖与隧道的相互作用问题涉及岩土工程的领域非常宽广。尽管很多学者对此进行了研究,然而,还有很多基础问题亟待解决,如隧道周围土体的性质在开挖卸荷与隧道相互作用过程中对隧道应力和变形的影响,支撑系统的刚度影响等问题。本文将在前人研究的基础上对基坑开挖卸荷对隧道影响这一问题进行进一步研究,以期深刻理解和掌握土体的密度等基本性质以及支撑系统刚度等对隧道变形规律的影响,为科学研究及工程建设提供参考和经验。

1.2 基坑开挖对天然地基变形影响的研究现状

1.2.1 现场监测

1.2.1.1 地表沉降

基于现场监测结果,Peck(1969)[2]总结了几种开挖情况的地表沉降结果,如图1-1所示。根据土的类型及工作状态的不同,沉降的影响范围分成三个区域。区域Ⅰ适用于一般工作状态下的砂土或软至硬黏土。区域Ⅱ适用于非常软的软黏土,其中包括基坑底部存在有限厚度的黏土层以及基坑底部下有较大深度的黏土层(当稳定数 N_b <临界稳定数 N_{cb} 时)。区域Ⅲ适用于基坑底部下有较大深度的很软至软黏土层($N_b > N_{cb}$)。这一经验图示适于支撑结构为板桩的情况,对于新的支护结构,如刚性挡墙,则最大沉降将小于图1-1中所示。

通过对大量实例的研究,Clough & O'Rourk(1990)[6]认为在砂土或硬黏土中开挖,沉降曲线的轮廓是三角形,最大地表沉降发生在紧靠墙处,无量纲化的轮廓曲线示于图1-2中(横、纵坐标为墙后距挡墙距离和地表沉降分别对开挖深度和最大沉降的归一值),开挖的沉降影响区域为开挖深度的2至3倍,对于软到中硬黏土,最大沉降发生在离挡墙一定距离处,即沉降呈现梯形。在这种方法中,只要知道了开挖深度及最大沉降,利用上述图示,就可知道各点的沉降。

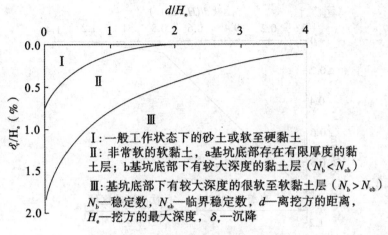

图 1-1 预测地表沉降的 Peck 法[2]

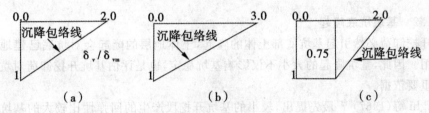

图 1-2 估计地表沉降的 Clough 和 O'Rourke 法[6]
(a)砂土；(b)硬到很硬的黏土；(c)软至中等黏土

通过对台北 10 个基坑的研究，Ou 等(1993)[9]观察到墙后土体的沉降可扩展至相当大的距离，且随着开挖深度的增加而增加，在这一范围内，建筑物或公用设施可能受到损坏，这一区域被称作显著影响范围(AIR)，显著影响范围以外的沉降很小，建筑物或公用设施不会受到严重的影响。显著影响范围大致等于主动区域所定义的距离，距离的上限为墙的深度，即 AIR＝$(H_0+D)\tan(45°-\phi'/2) \leqslant (H_0+D)$，式中 H_0 和 D 分别为开挖的最后深度和墙的入土深度，ϕ' 为土体的有效内摩擦角。Ou 建议用三角线形来估计沉降轮廓，如图 1-3 所示（H_0 和 D 分别为开挖的最后深度和墙的入土深度，d 为距挡墙距离）。

Long(2001)[10]通过总结分析 296 个基坑开挖案例发现，在硬黏土中，基坑开挖引起的支挡结构后最大地表沉降范围为 0～0.25%H_e(H_e 为基坑开挖深度)。Moormann(2004)[11]通过对 530 个软土地区中的基坑开挖工程分析，发现支挡结构后最大地表沉降范围为 1%～10%H_e，平均最大沉降 1.1%H_e。最大地表沉降位于基坑的支挡结构后 0.5H_e，少数数据位于支挡结构后 2H_e。Wang 等(2005)[12]报道了上海软土地区 300 个深基坑开挖案例，发现支挡结构后最大地表沉降范围为 0.1%～3%H_e，位于基坑的支挡结构后范围为 1.5H_e～3.5H_e。

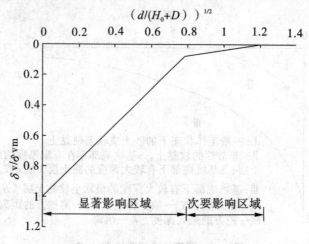

图 1-3 预估拱肩形沉降的 Ou 法[9]

1.2.1.2 基坑坑底隆起

基坑开挖卸荷必然引起基坑底部土体的隆起，土体地层的隆起会对坑底已建地铁隧道产生上浮作用。因此，基坑隆起的大小不仅影响基坑稳定，也是评估基坑开挖卸荷对坑底既有隧道影响的重要依据。

Terzaghi 等(1967)[13]最先提出，较小的基坑开挖段产生的回弹性比较大的基坑开挖段小的现象。随后，Bjerrum & Eide(1956)[14]给出了分析深基坑坑底隆起的方法。国内的刘国彬和侯学渊(1996)[15]根据上海地区的大量基坑开挖工程实测资料，建立了求解基坑隆起变形的计算模型。在此基础上，刘国彬等(2000)[16]对该计算模型进行了改进，在对土体卸荷模型研究的基础上，提出了计算基坑坑底隆起的简化计算方法。徐彪和刘佳(2004)[17]报道了上海某 7.6 m 深的基坑工程，坑底回弹量为 53.1 mm($0.70\% H_e$)。宰金珉(1997)[18]总结了京沪 6 幢高层建筑基坑坑底回弹量，见表 1-1。

1.2.1.3 支挡结构水平位移

Long (2001)[10]通过总结分析 296 个基坑开挖案例发现，在硬黏土中，基坑开挖引起的支挡结构最大水平位移范围为 $0.05\% \sim 0.25\% H_e$(H_e 为基坑开挖深度)；在软黏土中，支挡结构最大水平位移可达 $3.2\% H_e$。Moormann (2004)[11]通过对 530 个软土地区中的基坑开挖工程分析发现，支挡结构最大水平位移范围为 $0.5\% \sim 1\% H_e$，平均值为 $0.87\% H_e$。支挡结构最大水平位移位于地表下 $0.5 \sim 1.0 H_e$。Wang 等 (2005)[12]报道了上海软土地区 300 个深基坑开挖案例，发现支挡结构最大水平位移范围为 $0.27\% \sim 1.5\% H_e$，均值 $0.42\% H_e$。可见，在硬黏土中，基坑开挖引起的支挡结构最大水平位移范围约为 $0.05\% \sim 0.25\% H_e$，在软黏土中约为 $0.27 \sim 1.5\% H_e$。

表 1-1 京沪高层基坑回弹实测值与估算值统计表[18]

建筑物名称	基坑尺寸 $B \times L/D$	实测值/cm	估算值/cm	实测值/D	估算值/D
北京国贸中心办公楼	60×60/15	2.60	3.93~7.86	0.17% D	0.26~0.52% D
北京国际公寓	36×36/13	1.80	2.04~4.02	0.14% D	0.16~0.31% D

续表

建筑物名称	基坑尺寸 $B \times L/D$	实测值/cm	估算值/cm	实测值/D	估算值/D
北京国际信托大厦	37×64/12.7	2.31	0.69~1.38	0.18%D	0.05~0.31%D
上海康乐大楼	14×70/5.5	2.00	2.92~4.87	0.36%D	0.53~0.89%D
上海四平大楼	10×50/5	3.40	2.27~3.70	0.68%D	0.45~0.74%D
上海华盛大楼	14×58/4.14	4.50	4.82~8.03	1.09%D	1.16~1.94%D

注：回弹模量的取用：北京地区为5~10倍的压缩模量；上海地区为3~5倍的压缩模量。

1.2.2 数值模拟

1.2.2.1 系统刚度和场地条件的影响

Mana & Clough (1981)[4]通过数值参数分析研究了支挡结构刚度，支撑间距，支撑刚度，支撑预应力以及土体模量对基坑开挖周围土体的变形分析。研究结果表明，基坑周围土体变形随着支挡结构刚度的增大而减少，随着支撑间距的减少而减少。地基变形也随着支撑刚度的增大而减少，但在较高的支撑刚度下，地基变形增大的速率减少。研究结果还表明，土体模量对地基变形的影响较大，较大的土体模量产生的地基变形较小。

Clough & O'Rourke (1990)[6]对硬黏土中的基坑开挖问题进行了有限元参数分析。研究结果显示，在硬黏土中，刚土墙刚度和支撑间距对开挖引起的地基变形影响较小。这是由于在硬黏土中，土体的模量较大，抵消了支撑系统的刚度对地基变形的影响。与支撑系统的刚度相比，土体的模量和水平土压力系数对地基变形的影响较大。

1.2.2.2 开挖尺寸的影响

Mana & Clough (1981)[4]通过二维有限元参数分析研究了基坑开挖宽度以及深度对地基变形的影响。研究结果表明，地基变形随着基坑宽度和深度的增大而增大。

Hashash & Whittle (1996)[7]通过一系列有限元参数分析研究了基坑开挖中支挡结构埋置深度，支撑间距等对周围土体变形的影响。有限元模拟中采用MIT-E3本构模型，能够模拟黏土中应力应变关系的各向异性，应力依赖性以及应变依赖性。支挡结构埋置深度对地基破坏前的土层变形影响较小，但对破坏位置的影响较大。采用较大的支挡结构埋置深度能够提高坑底的稳定性，但同时也会在支挡结构中产生较大的弯矩，容易引起支挡结构的破坏。

1.2.3 解析解答

Osman & Bolton (2006)[19]在Bolton & Powrie(1988)[20]、Bolton等(1989)[21]对"允许发挥强度(Mobilised Strength)"研究的基础上提出了MSD(Mobilised Strength Design)解析解答，来预测不排水地基中由于基坑开挖引起的土体变形。其优点是可以根据土体的应力应变关系方便地求解基坑周围土体变形。然而，该解答没有考虑支撑系统的刚度。Lam (2010)[22]改进了Osman & Bolton (2006)[19]提出的解析解答，考虑了支撑系统的刚度的影响。通过对比数值计算结果发现,该解答与有限元计算结果相差30%左右。

1.2.4 离心模型试验

采用离心模型试验对基坑开挖进行模拟研究,主要有两类方式:一类是在停机开挖的条件下完成基坑开挖,然后开机进行试验;另一类是在离心机运转的条件下,直接进行基坑开挖的模拟。关于停机开挖方式的研究,张师德等(1993)[23]以上海地铁一号线徐家汇车站的基坑为对象进行了离心模型试验,观察基坑土体位移场、墙体变形等问题,以研究基坑施工开挖的稳定性。模型试验用土取自现场,将其预先制成泥膏状,在离心机中通过双面排水分层固结,固结时间根据土样固结度和强度控制。观测基坑施工对周围地面的影响时,试验采用了半断面,预先开挖基坑至预定深度,然后将模型在特定的离心加速度场中进行研究。而在基坑施工的全貌研究中采用了全断面,以不同的加速度模拟不同的开挖深度,同时又进行了掘进前方土坡稳定问题的试验,此外还对开挖进行了有限元模拟。研究结果表明,坑底最大隆起量约为坑周最大沉降量的2.5倍,坑周沉降范围约为坑宽的2倍。

刘金元(1999)[24]采用现场原状的上海淤泥质黏土进行试验,通过试验结果分析,对停机再开机进行基坑开挖模拟方式的可行性进行了研究,对开挖过程中土压力、土体强度以及维护墙体的受力等变化进行分析。研究了开挖空间以及加固对基坑的影响。通过有无支撑条件下基坑破坏的离心模型试验,加深了对破坏模式的理解,在对破坏期间的土压力、墙体弯矩、滑动面位置等的分析基础上,对类似问题提出了安全计算模式及方法。

丁春林等(2005)[25]基于离心模型试验对上海地铁的承压水基坑变形、稳定性影响因素进行了分析。试验采用常用的停机开挖支护方式来模拟基坑开挖过程,分别研究了上海隔水层存在与缺失、基坑开挖深度和承压水头高度等的影响因素。试验用土取自现场,通过离心固结形成重塑土后进行试验。为了实时准确地模拟承压水位,设计了一套承压水位控制系统。根据等强度理论,用铝板模拟钢筋混凝土地下连续墙,铝棒模拟支撑。试验结果显示,不论隔水层是否存在,基坑变形均随着开挖深度和承压水头的增加呈非线性增大;开挖深度对基坑变形影响的敏感性比承压水头大;当基坑开挖深度较小、承压水头较低时,不论隔水层存在与否,基坑最大变形差异较小,随着开挖深度和承压水头的增大,两者变形差异也越大,缺失隔水层对基坑稳定不利。

Richards & Powrie(1998)[26]利用离心模型试验研究了超固结高岭土中有两道支撑的挡土结构的基坑开挖。研究包括地下水的影响、土的侧压力系数、嵌入深度、地层位移、挡墙的弯矩和支撑轴力内容。基坑的开挖过程通过排液来进行。研究结果表明,增大挡墙的嵌入深度将导致墙体最大弯矩的增大,并降低下部支撑的轴力,但是地表位移并没有因挡墙嵌入深度的增大而增大。降低挡墙后地下水位可以显著地减小挡墙弯矩和支撑轴力。

王凯民(2005)[27]利用离心模型试验探讨黏土层中悬臂式支挡结构在开挖时的变形以及对邻近地层的影响。试验主要就开挖深度,插入深度以及土体强度等不同参数,对悬臂式支挡结构的开挖进行研究分析。针对排液法模拟基坑开挖中存在的液体压力在垂直和水平方向压力系数相同的缺点,研发了可以独立的模拟开挖过程的水平加压(氯化锌袋施加侧向液压力)和垂直加压(气袋充气施加垂直覆土压力)的加压设备。在设定的离心加速度场里,通过降低气袋的气压和利用汽水转换瓶的控制,逐步的排放氯化锌溶液来模拟基坑开挖过程,较为符合现场的情形。试验得出,黏土不排水剪切强度、开挖深度和插入深度对地层位移与挡墙的变形影响很大。黏土层中悬臂式挡土壁开挖导致的地表沉降槽属三角槽型,沉陷影响范围达 5.2 倍开挖深度,并可利用墙顶水平变位求得地表最大沉降量,进而推导出墙后不同位置处的地表沉降量。开挖引致墙体变形的过程中,开挖面以下支挡结构有一固定不动点,随着开挖深度的增加,该不动点继续向下移动。墙顶到开挖面间的墙体承受正弯矩,墙体正弯矩的最大值发生在开挖面处。

Kimura 等(1994)[28]采用自行研制的可以在高速离心力场下进行开挖的装置,进行了黏土基坑开挖的试验。试验采用高岭土,进行了无挡墙、无拉锚板墙及有拉锚板墙 3 种不同维护条件的试验,并对正常固结土与超固结土进行了比较。试验中观察了土体位移、孔隙水压力和土压力。试验得出,失稳破坏时主动区应变要比被动区小。研究认为,土体的各向异性对基坑开挖稳定性和变形有较大的影响,被动区土体有更小的松动。

Takemura 等(1999)[29]通过研制的开挖装置成功的完成了在离心机运转条件下,正常固结软土中基坑开挖的模拟实验。试验中测量了地表沉降、土压力和孔隙水压力,以及挡墙的应变等参数。试验就支撑和挡墙嵌入砂土层深度对挡墙变形和地表位移的影响进行了深入的研究。研究表明,挡墙只需嵌入下卧砂土层 1 m,就可以明显地增强基坑开挖的稳定性,支撑也可以有效地减少沉降。但是,一旦地表沉降和变形发生,就很难通过增加支撑轴力使之恢复,发生这种不可恢复的变形主要原因是土体的非线性。

1.3 基坑开挖卸荷对既有隧道影响的研究现状

1.3.1 隧道横向和纵向内力及变形规律研究

随着经济社会的发展以及城市建设规模的增大,在既有建筑物尤其是地铁隧道周围进行基坑开挖的工程案例越来越多。隧道作为现代城市的重要交通,其安全性极为重要。

为了确保地铁隧道的安全,很多国家和地区都给出了隧道应力和变形的控制标准,如英国隧道协会(British Tunnelling Society)[30]、美国的混凝土协会(American Concrete Institute)[31]、新加坡的陆路交通管理局(Land Transport Authority)[32]、香港特别行政区政府建设部门(BD)[33]及交通部门(WBTC)[34]便制定了严格的控制标准保护地铁。我国上海地区也制定了隧道的变形标准[35]:①隧道的竖向与水平位移不能超过 20 mm;②隧道最大上浮位移不能超过 15 mm;③隧道纵向变形曲率需小于 1/15 000;④相对变形必须小于 1/25 000。因此,基坑开挖过程如何保护已建隧道的安全运行成为岩土工程面临的难点。目前,国内外学者对这一问题的研究大都是在已有工程案例的基础上进行分析,已有研究主要可分为以下几个方面:①现场实测法;②数值方法;③解析法;④离心试验研究。本节主要阐述基坑开挖对隧道影响的几种研究方法。

1.3.1.1 现场实测法

Burford(1986)[36]报道了 1957 年伦敦地区的地铁隧道正上方进行基坑开挖的工程实例。基坑开挖深度为 12 m,开挖宽度与长度分别为 110 m 和 210 m。隧道顶部距基坑开挖底面的距离仅为 1 m。开挖过程挖去了 3.5 m 厚的填土、3.5 m 厚的粉质黏土、3 m 厚的砂砾和 2 m 厚的伦敦黏土。开挖完成后,隧道发生隆起。上部建筑完成后隧道隆起持续发展,至 1986 年,南线隧道上抬最大位移达到60 mm以上，北线隧道的最大上抬位移也达到50 mm。造成隧道持续隆起的原因可能：开挖过程挖去土重为开挖造成坑底的伦敦黏土卸荷200 kPa，而建筑物自重则施加了大约150 kPa的压力。隧道周边土体在建筑物施工完成后仍处于卸荷状态，而伦敦黏土的渗透性很低，坑底土体的固结过程缓慢，导致坑底隧道持续隆起。

Lo和Ramsay(1991)[37]分析了多伦多地区某基坑开挖工程对下方双线隧道的影响。基坑开挖长度和宽度分别为90 m和40 m，基坑开挖深度为7 m～9 m，隧道顶部距离基坑底部最近距离为2 m，隧道内径4.9 m。隧道位于开挖深度较浅的基坑正下方，位于开挖深度较深的基坑外侧。研究结果表明，基坑开挖导致隧道向上隆起，隧道最大隆起值偏向较深基坑一侧。

Liu等(2011)[38]通过分析现场实测值研究了粉质黏土中开挖深度为7.8 m的基坑开挖工程对下方双线隧道的纵向隆起的影响。隧道覆盖层厚度与隧道直径之比值为1.5，隧道顶部距离基坑底部2.2 m。基坑开挖卸荷引起隧道隆起，隧道最大隆起值为5.5 mm，为基坑开挖深度的0.07%。

此外，陈郁和张冬梅(2004)[39]、况龙川等(2000)[40]，吉茂杰和陈登峰(2001)[41]、温锁林(2010)[42]、刘旻旻(2012)[43]、张俊峰等(2012)[44]和郑刚等(2012)[45]，都是通过现场实测分析法研究了基坑开挖对正下方既有隧道的影响。以上研究结果表明，地铁隧道的最大竖向位移为隆起，并近似呈正态分布曲线，最大隆起点接近基坑中心，并随着距离基坑中心的距离增大而减小，影响范围为基坑沿隧道纵向开挖长度的2～3倍；隧道横截面变形形式为水平向压缩，竖向拉伸。

Sharma等(2001)[46]通过现场实测研究了位于双线隧道一侧的某基坑开挖工程对地铁隧道的影响。基坑开挖长度、宽度和深度分别为200 m，140 m，以及15 m。隧道直径6 m，隧道底部埋深15～27 m。基坑开挖引起隧道发生向基坑一侧的水平位移及向上隆起，最大水平位移位于隧道顶部，最大隆起位于隧道左侧起拱处。靠近基坑一侧的隧道产生的位移都明显大于远离基坑的隧道。

况龙川(2000)[47]结合上海地区一个典型工程现场监测案例，根据隧道变位及变形监测数据重点分析了隧道旁侧深基坑施工对地铁隧道的影响。研究结果表明，在地铁隧道旁侧开挖深基坑将引起隧道向基坑方向产生较明显侧移并使隧道断面呈横椭圆形状的变形。隧道侧移对其旁侧土方开挖十分敏感且与开挖部位具有比较明确的对应性，支撑(垫层)及时浇筑完成能够有效地控制隧道侧移的进一步发展。此外，刘庭金(2008)[48]，李进军等(2011)[49]、肖同刚(2011)[50]、邵华等(2011)[51]，章仁财等(2009)[52]，蒋洪胜等(2002)[53]、张治国等(2007)[54]，王卫东等(2006)[55]以及高广运等(2010)[56]，也分别研究了基坑开挖对位于基坑一侧隧道的影响，给出了隧道实测位移值。以上11个关于基坑开挖对基坑一侧隧道影响的工程实例表明：①隧道竖向位移发生沉降的较多，隆起的较少(11个工程中有4例隆起，7例沉降)，隧道竖向位移受诸多因素，如施工方法、基坑开挖深度以及降水等的影响，隆起或沉降较难预测，需要综合考虑；②隧道的水平位移朝向基坑开挖一侧；③隧道收敛变形呈水平向拉伸，竖向压缩的变形特征，基坑开挖加剧了隧道的横椭圆变形。

1.3.1.2 数值模拟

数值模拟研究是一种有效的研究手段。随着计算机技术不断应用于岩土工程领域，国内外有不少学者运用数值方法针对开挖地铁隧道与周围环境之间的相互影响等方面进行了深入的研究。

为简化问题,很多学者从平面问题入手分析开挖对既有隧道的影响。

Dolezalova(1994)[57]就捷克布拉格硬土地区隧道上方基坑开挖和主体结构建造的整个过程采用摩尔库伦模型进行了数值分析,基坑开挖深度为 12.7 m。研究得出,隧道最大隆起 14 mm,直径最大伸长 4.5 mm。此外,还给出了基坑施工及监测建议。

Sharma 等(2001)[46]报道了新加坡基坑开挖影响相邻隧道的案例,并应用数值方法与实测结果进行比较,得出数值预测的结果虽然高于实测值,但能有效预测隧道变形的趋势;隧道自身刚度对隧道在开挖过程的变形与受力有较大影响,刚度大的隧道相对于刚度小的隧道其变形小,但会承受更多的弯矩。

Zheng 和 Wei(2008)[58]采用二维有限元方法,对处于坑底不同水平位置的三个隧道进行了分析,得到处于坑底不同位置的隧道,开挖过程其位移与相对变形各不相同。位于基坑下方的隧道,开挖过程主要体现为向上的竖向位移与水平方向的收敛变形;位于坑外的隧道,开挖过程主要为向坑内的水平位移与水平方向的拉伸变形。

基坑开挖不仅是一个动态的施工过程,而且是一个空间问题。相对平面问题,三维方法更能够反映基坑支挡结构的空间效应,体现隧道在空间上的分布曲线,便于更加精细的模拟实际施工情况。

Lo & Ramsay(1991)[37]结合多伦多地区的工程案例(基坑工程骑跨于已建隧道之上),应用三维有限元分析了结构施工对其下方已有隧道的变形、位移、内力的影响,并分析了不同施工方案对隧道不同程度的影响,提出了一系列保护地铁隧道的措施,如开挖之前应用数值方法进行预测;开挖过程对隧道进行监控;对隧道重点部位进行加固保护等。

王卫东等(2004)[59]采用数值方法分析了上海金桥广场新建基坑工程的施工对坑底已有隧道的影响,数值模拟考虑了隧道周围土体的加固、时空效应开挖土方以及采用了反映土体应力路径的上海地区软土卸荷模量,为相关类似工程的设计施工提供了参考。此外,王卫东等(2006)[55]还介绍了上海市闸北区大宁商业中心基坑工程中为控制隧道变形采取的设计技术措施:盆式开挖配合钢管斜坡撑代替大面积支撑、地铁侧坑内被动区采用水泥土搅拌桩加固和遵循时空效应原理的设计开挖工况等。采用了三维连续介质有限元法分析了开挖所引起的环境效应,其中土体采用修正剑桥模型模拟。

张治国等(2007)[60]结合上海地区一个临近地铁隧道的基坑工程,运用有限元分析方法对地铁隧道在基坑施工过程中所产生的影响进行弹塑性分析。通过将分析结果与工程实测数据比较分析得出深基坑开挖施工对临近地铁隧道能够产生比较明显的影响。基坑开挖使得连续墙后上层产生新的位移场,但由于隧道本身刚度很大,隧道会对土体的变形趋势产生抵抗作用,这种抵抗作用使隧道的偏差应力进一步增大,并造成隧道变形增大。建议在设计过程中加大隧道的柔性以提高隧道适应土体变形的能力。

魏少伟(2010)[61]通过软土地区基坑开挖对坑底隧道影响的三维数值分析表明,靠近基坑开挖中心面的隧道,开挖引起的隧道各横截面的位移与自身变形接近 Zheng 和 Wei(2008)[58]二维分析的结果,且在2倍开挖深度范围内(18 m)隧道各截面的位移与自身变形变化很小;从 18 m 开始,隧道的位移与变形开始减小,超过 54 m(地连墙所在位置),隧道截面位移与变形迅速减小,距地连墙的水平距离为3倍的开挖深度时隧道横截面基本不受基坑开挖的影响。

Liu 等(2011)[38]在对南京地区某新建隧道基坑开挖工程对已建坑底双线隧道影响的现场

监测案例的基础上,通过有限差分法研究了基坑开挖对隧道位移的影响。分析了基坑开挖顺序,加固措施等因素对隧道隆起的影响。

Huang 等(2013)[62]结合上海软土地区邻近地铁隧道的基坑工程,通过三维有限元方法采用土体硬化模型分析了隧道与基坑的相对位置、隧道直径、基坑长度和宽度对既有地铁隧道隆起的影响。研究结果表明,当隧道位于基坑正下方时,随着隧道与基坑距离的增大,隧道隆起变小,隆起曲线变缓,当距离增大到 1.5 倍的隧道直径时,基坑开挖对隧道的影响可忽略不计。当隧道位于基坑外时,隧道隆起较小。不同隧道直径对应的隧道的隆起曲线是相似的。当基坑开挖的宽度从 5 m 增大到 20 m 时,隧道隆起值随之线性增大。通过对基坑开挖长度的分析表明,距离隧道轴线 10 m 外的开挖卸荷对隧道隆起基本没有影响。

Ng 等(2013)[63]通过三维有限元分析了地下室基坑开挖对隧道的影响。初步研究了隧道埋深与隧道直径之比(C/D)、卸荷量等因素对隧道隆起的影响。研究结果表明,隧道隆起随着 C/D 的增大而减小,随着基坑开挖卸荷量的增大而增大。

1.3.1.3 解析分析

在上部建筑施工与运营的影响下,隧道在横断面方向发生变形,主要的表现形式是隧道收敛变形以及隧道衬砌应力变化。同时,隧道沿线方向也将发生变形,表现为隧道沿线产生不均匀的沉降以及曲率发生改变。在隧道纵向沉降的理论研究中,通常将隧道纵向问题视为一维问题,忽略横向变形的影响,将隧道简化为一维弹性地基模型进行求解。地基模型主要采用双参数模型、Winkler 地基模型。在隧道纵向沉降的研究中,两种地基模型均曾得到应用。

对于双参数模型,张望喜(2002)[64]通过能量变分原理,建立了系统模型,论述了任意荷载作用下考虑梁周地基影响的双参数 Pastemak 模型地基上的无限长梁、半无限长梁和有限长梁的计算与分析。廖少明(2002)[65]对各种地基模型下隧道纵向剪切传递效应进行了研究。臧小龙(2003)[66]通过双参数弹性地基梁进行了盾构隧道纵向沉降与内力的计算,研究了局部荷载、地基内软弱夹层等对隧道纵向沉降的影响。徐凌(2005)[67]以双参数弹性地基梁模型建立土隧道共同作用的计算模型。在 Mindlin 基本解的基础上,结合外加荷载条件拟合了地基中应力的传递函数,得到双参数地基模型中的位移传递函数,最终得到双参数模型中的压缩系数与剪切系数。通过考虑包括梁外地基剪切影响在内的地基的压缩与剪切作用以及外加荷载的影响,建立了改进后的双参数弹性地基梁模型,利用 Mindlin 基本解推导了地基内矩形局部荷载引起隧道结构的附加应力分布公式,运用双参数弹性地基梁理论对此附加应力引起的隧道纵向沉降与内力进行了理论推导求解。

对于较常用的 Winkler 弹性地基梁模型,隧道纵向经过等效为一根均质梁后作用在地基上,通过弹性地基梁的计算,可以得到隧道产生的纵向沉降及隧道纵向内力分布情况。

林永国(2001)[68]利用 Mindlin 弹性半空间解分别推导出土体中矩形均布荷载(卸载)、平行四边形均布荷载(卸载)作用下的隧道纵轴线上的附加应力,再进而求出隧道的纵向沉降(隆起)。

刘国彬等(2001)[69]假定地铁隧道变形与土层位移一致,利用残余应力原理和应力路径法,建立了计算基坑开挖引起隧道隆起变形的解析模型,并以上海广场基坑开挖工程为例进行了计算。同时,用布辛奈斯克公式计算了基坑开挖引起的土体回弹。考虑到布辛奈斯克公式仅适用于作用于地表的荷载情况,而基坑开挖卸载有一定的深度,因此采用布辛奈斯克公式是不合理的。

吉茂杰和刘国彬(2001)[70]以上海广场基坑工程为背景,结合软土基坑回弹变形的残余应力法,提出了基底土体隆起残余应力计算方法,并应对卸荷模量、空间影响系数等进行修正,类似土体压缩沉降的分层总和法,将计算深度范围内的土层分成多层,分层计算隆起量,最后求和。该方法过多依赖经验系数的选取,且忽略了隧道的存在,需要进一步的验证。

青二春(2007)[71]结合人民广场下沉式广场基坑工程,利用解析方法研究了主要卸荷参数对隧道回弹变形量与纵向沉降变形的影响,提出了大面积卸载作用下纵向沉降曲线模式。提出的解析方法以 Mindlin 基本解考虑残余应力求解基坑土体开挖过程的附加应力,采用考虑卸荷应力路径的土体卸荷模量,以分层总和法求得土体各层回弹量。最后系统地讨论了隧道在大面积卸荷作用下的变形控制技术,通过对基坑施工卸荷影响的控制、地层变形的控制以及隧道结构变形的控制三方面的分析,提出了针对各个环节控制的原则和措施。

陈郁(2005)[72]以上海东方路下立交工程为背景,先利用 Mindlin 解求得基坑开挖过程隧道轴线处的附加应力,进而由弹性地基梁理论推导隧道最大隆起值和纵向曲率半径的计算公式。刘浩(2005)[73]在陈郁(2005)[72]研究的基础上,提出将残余应力系数的概念引入 Mindlin 基本解计算附加应力,然后再利用弹性地基梁理论对卸荷附加应力引起的地下建筑物的响应进行了讨论。然而,陈郁(2005)[72]和刘浩(2005)[73]都假定仅考虑坑底荷载为均布荷载,方向向上的情况,对于坑壁的水平荷载忽略不计,与实际情况不符合。

Zhang(2013)等[74]考虑基坑开挖引起的坑底和四周坑壁土体同时卸荷产生的影响,提出了基坑开挖对临近地铁隧道纵向变形影响的两阶段分析方法。首先计算基坑开挖作用在地铁隧道上的附加荷载,然后基于 Winkler 地基模型建立地铁隧道纵向变形影响的基本微分方程,根据 Galerkin 方法将该方程转换为一维有限元方程进行计算,同时研究了不同隧道埋深、距离基坑开挖现场远近、不同地基土质和不同隧道外径等因素对隧道纵向变形的影响。结合大型三维有限元数值模拟以及现场实测数据将计算结果进行了对比,得到较好的一致性。成果可为合理制定基坑开挖对临近地铁隧道的保护措施提供一定的理论依据。

从以上分析可见,针对基坑开挖对周围已建隧道影响的解析研究,根据将邻近基坑开挖施加到软土隧道上的不同方式,即自由位移或附加应力,可以将两阶段分析法分为两类。第一类位移法,第二类应力法。可见,以上解答基本上都基于应力法,缺少对位移法的研究。

1.3.1.4 离心模型试验

Zheng 等(2010)[75]以及魏少伟(2010)[61]在砂土中开展离心试验研究同一水平面不同位置坑底隧道各横截面在基坑开挖过程的弯矩、变形以及土压力的变化。当隧道位于基坑中心处时,隧道截面竖向直径拉伸,水平直径压缩,隧道被"拉长";靠近基坑开挖中心面的隧道截面在开挖过程竖直方向土压力显著减小,水平向土压力则减小较少,这种土压力的改变同样会导致隧道竖向直径伸长,水平直径压缩。隧道承受土压力的变化与隧道弯矩的变化相一致。当隧道位于地下连续墙下方时,开挖引起的隧道截面与竖向顺时针旋转45°方向直径伸长,在与水平方向顺时针旋转45°方向直径压缩,隧道截面在与竖直方向顺时针旋转45°的方向被"拉长"。

Huang 等(2013)[76]针对上海地区的土层,开展离心模型试验研究了不同埋深的隧道正上方基坑开挖对既有隧道附加弯矩和变形的影响。研究结果发现,开挖对隧道的主要影响区域发生在距基坑边 2.5 倍开挖宽度范围内。隧道隆起曲线可用高斯曲线模拟。隧道隆起的大小随着基坑底部和隧道中心线之间的距离增大而指数递减。隧道横截面顶部和底部的附加弯矩较大。当隧道弯矩位于距基坑中心 1.5 倍的开挖深度处,隧道截面的附加弯矩可忽略不计。

Ng 等(2013)[63]通过离心模型试验研究了地下室开挖对既有隧道的影响。重点分析了隧道位于基坑正下方以及位于坑外这两种情况下开挖引起的隧道响应。对隧道的横截面及纵截面的变形和位移进行了全面的监测。研究结果表明,当隧道位于基坑中心下方时,隧道纵向直径伸长,水平向直径压缩。隧道纵向最大隆起值为基坑开挖深度的0.07%。横向最大弯曲应变(110 $\mu\varepsilon$)位于基坑中心下方的隧道横截面顶部,纵向最大弯曲应变位于基坑中心处(68 $\mu\varepsilon$)。当隧道位于坑外时,开挖引起的隧道截面与竖向夹角向开挖方向偏转,隧道直径变化较小。隧道沿轴线方向发生沉降,其值为基坑开挖深度的0.014%。相应地,横向及纵向弯曲应变变化较小。

1.3.2 基坑开挖引起隧道内力和变形的影响因素研究

1.3.2.1 隧道衬砌刚度的影响

Sharma 等(2001)[46]基于新加坡基坑开挖影响相邻隧道的案例,并应用数值方法研究了隧道自身刚度对隧道的变形与受力的影响,研究结果表明,刚度大的隧道相对于刚度小的隧道其变形小,但会承受更多的弯矩。

Huang 等(2013)[76]针对上海地区的土层,开展离心模型试验研究了两种不同直径(即不同隧道刚度)隧道正上方基坑开挖对既有隧道附加弯矩和变形的影响。研究结果发现,当其他条件相同时,隧道直径越大,隧道变形越小,附加弯矩越大。

1.3.2.2 基坑开挖尺寸的影响

Huang 等(2013)[62]结合上海软土地区邻近地铁隧道的基坑工程,通过三维有限元方法分析了基坑长度和宽度对既有地铁隧道变形的影响。研究结果表明,当基坑开挖的宽度从5 m增大到20 m时,隧道隆起值从9 mm变为43 mm,隧道衬砌产生的附加弯矩随基坑开挖宽度的增大而增大,近似成线性关系。当基坑开挖长度从20 m增加到50 m时,隧道最大隆起值增加量很小。表明基坑开挖的长度对隧道隆起的影响不大。

1.3.2.3 隧道与基坑的水平间距和竖向间距

Zheng 和 Wei(2008)[58]采用二维有限元方法,对处于坑底不同水平位置的三个隧道进行了分析。研究结果表明位于基坑下方的隧道,开挖过程主要体现为向上的竖向位移与水平方向的收敛变形;位于坑外的隧道,开挖过程主要为向坑内的水平位移与水平方向的拉伸变形。

Ng 等(2013)[63]通过三维离心模型试验研究了隧道位于基坑正下方以及位于坑外同一深度处这两种情况下开挖引起的隧道响应。此外,还通过有限元模拟研究了当隧道位于基坑中心下方时不同卸荷比以及不同隧道埋深对隧道隆起的影响。研究结果表明,当隧道位于基坑中心下方时的隧道变形大于隧道位于基坑外部的情况。隧道最大隆起值与开挖卸荷比近似呈线性关系,随着隧道埋深的增大而增大。

Huang 等(2013)[76]针对上海地区的软土,开展离心模型试验研究了不同埋深的隧道正上方基坑开挖对既有隧道附加弯矩和变形的影响。研究结果发现,当基坑开挖深度一定时,随着隧道埋深的增大,隧道横截面产生的附加弯矩减少,隧道最大隆起值随着隧道埋深呈指数递减。

1.3.2.4 基坑施工工况及支护与加固方法

Hu 等(2003)[77]报道了上海地区某邻近地铁隧道基坑工程的开挖案例。重点分析了控制基坑周围土体变形和隧道变形的设计和施工措施。这些措施包括现场浇筑带有支撑结构的地下连续墙,降水固结,水泥土搅拌桩以及合理的施工方法(逐层开挖,逐层支护)。研究结果表明,通过使用这些方法,隧道沉降和水平位移分别控制在 5 mm 和 9 mm,隧道纵向变形曲率控制在 1/15 000 以内。这些方法的综合使用能够有效地减少隧道变形,保障隧道安全。然而,考虑到隧道变形的控制是多种方法的综合,对于每一种方法对隧道的影响尚不明确,需要进一步开展分析。

高广运等(2010)[78]采用 FLAC-3D 软件建立了邻近已建地铁隧道的基坑开挖三维数值分析模型,模拟了两次加固,先施工地下连续墙后加固以及逆作、顺作的施工工况,研究得出:地基加固体和地下结构物对邻近基坑开挖产生的位移具有阻断作用;采用二次加固新工艺可以显著地减少隧道位移;逆作法施工能够增大基坑的整体刚度,使围护结构变形减少,从而减少隧道变形。

冯世进等(2008)[79]根据基坑实例建立了三维数值模型,对比分析了不同基坑工程开挖方案对隧道变形的影响。研究结果表明,该基坑工程的东西分块开挖方案(划分基坑长度)要优于南北分块开挖方案(划分基坑宽度)。

周建昆等(2010)[80]根据基坑工程实例建立了三维数值模型,土体本构采用 Drucker-Prager 模型模拟。数值模拟中根据基坑工程的实际施工方案(分层、分段、分块、留土护臂、限时对称平衡开挖)采用多工况连续计算的方法,分别得到 10 种工况下的基坑工程开挖施工对隧道水平位移和隆起量的影响。研究结果显示,基坑底板的施工可以有效地控制隧道水平向位移和隆起的发展。

戚科骏等(2005)[81]结合基坑工程开挖实例,采用基于 Mohr-Coulomb 模型的有限元对地铁隧道进行了分析,在分析过程中考虑了不同的加固深度和开挖过程中的时间因素,采用 3 种方案进行不同施工方式的对比分析。结果表明:基坑加固深度的增加,将大量减小基坑开挖引起的隧道上浮量,但增加基坑加固深度会在开挖初期使隧道向下方变形;开挖结束后间隔一段时间后再继续施工,将会减少基坑开挖施工对隧道变形的影响,因此基坑开挖过程中必须考虑时间因素。

梁发云等(2012)[82]以上海某基坑工程为背景,针对紧邻既有地铁隧道的深基坑工程开挖问题,采用离心模型试验模拟了基坑开挖过程,得到基坑围护墙体和紧邻隧道的变形情况。通过试验论证了"先挖大基坑,后挖小基坑"的开挖方式,能够有效控制围护墙体变形,保护紧邻隧道。

毛朝辉(2005)[83]结合上海东方路下立交工程,通过三维有限元模拟,对不同分块开挖进行了比较分析,研究结果表明,分块开挖、分块浇筑底板,对控制坑底下隧道变形有显著作用。

李平等(2011)[84]针对南京市地铁一号线上的一基坑工程,采用三维有限元差分程序 FLAC-3D 模拟了基坑支护和开挖的全过程,考虑了坑内满堂加固、人工抽条和桩板支护等隧道抗隆起措施,研究了隧道的变形规律和影响因素。研究表明,软土地区基坑开挖采取旋喷桩满堂加固和桩板支护相结合的加固措施,可以有效控制隧道隆起。

1.3.3 本构模型在基坑开挖对隧道影响模拟中的应用研究现状

Lo & Ramsay(1991)[37]针对多伦多牛塞斯中心位于地铁隧道上方的基坑开挖工程进行了数值模拟。采用摩尔-库伦弹塑性模型研究了开挖对隧道的影响。数值模拟分两部分,平面应变分析和三维分析。在平面应变问题分析中,考虑了隧道的弯曲刚度和隧道存在的影响。

三维分析考虑了基坑和隧道的三维特性,然而没有考虑隧道本身的刚度。这种分析方法可能适用于柔性隧道,但对刚性隧道可能不适用。

Lee(1993)[85]通过数值模拟研究了多伦多地区的某地下室基坑开挖工程对下方双线隧道的影响。土体采用摩尔-库伦弹塑性模型模拟。

Dolezalova(1994)[57]就捷克布拉格硬土地区隧道上方基坑开挖、主体结构建造的整个过程采用摩尔-库伦模型进行了平面数值分析,基坑开挖深度12.7 m。研究得出,隧道最大隆起14 mm,直径最大伸长4.5 mm。此外,还给出了基坑施工及监测建议。

Lo & Gosalves(1994)[86]对加拿大底特律—温莎隧道上方的基坑开挖工程进行了研究。土体力学行为采用摩尔-库伦弹塑性模型进行模拟。

Mak & Liu(1996)[87]报道了上海某广场地下工程施工案例。场地面积1 000 m^2,两条运行中的隧道直径6.2 m,位于地表以下16 m到22 m。通过FLAC-2D程序模拟了该案例中地下室基坑开挖对隧道的影响。土体本构模型采用理想弹塑性模型模拟。

Zheng等(2008)[58]采用二维有限元方法,运用修正剑桥模型对处于坑底不同水平位置的三个隧道进行了分析。

Liu等(2011)[38]通过有限差分法(FLAC-3D),采用摩尔-库伦弹塑性模型研究了基坑开挖对隧道位移的影响。隧道通过连续壳体单元模拟,不考虑节点的影响。

Huang等(2013)[62]通过三维有限元方法分析了基坑开挖对既有地铁隧道变形的影响。土体本构模型采用土体硬化模型(HS Model)。然而,该模型无法考虑土体的小应变特性。

Ng等(2013)[63]通过有限元模拟研究了当隧道位于基坑中心下方时不同卸荷比以及不同隧道埋深对隧道隆起的影响。土体本构模型采用能够考虑土体小应变以及应变依赖性的亚塑性模型(Hypoplastic Model)。

1.4 存在的问题

通过以上介绍可以得出,虽然很多学者对基坑开挖引起隧道响应的问题进行了广泛的研究,然而还仍然存在以下几方面的问题。

1.4.1 现有的解析解答需借助数值积分的方法求解

目前存在的基坑开挖引起隧道变形的解析解答大多基于Mindlin应力解答以及弹性地基梁理论。对于较大直径的隧道,不符合弹性地基梁理论的基本假定,地基基床系数的取值较困难,计算较复杂,实用性较差。需要加强对计算参数取值的研究,提高其实用性。

不考虑以上因素的影响,现有的较合理的解析解答是两阶段分析法(Zhang等,2013)[74]。根据将邻近基坑开挖施加到软土隧道上的不同方式,即自由位移或附加应力,可以将两阶段分析法分为两类。第一类位移法,第二类应力法。然而,现有解答基本上都基于应力法,缺少对位移法的研究。此外,现有的应力解答仅考虑基坑开挖引起竖向应力的释放,忽略了水平应力的释放对隧道的影响。应力解答大多采用高斯-勒让德积分进行求解,缺少显式的解答。

1.4.2 开展离心模型试验再现土体应力水平势在必行

离心模型试验是一种有效的物理模拟手段,能够正确地模拟土体的应力场,可以有效地观测变形和破坏机理。目前,研究基坑开挖引起隧道变形的离心模型试验较少,主要研究了基坑开挖与隧道的相对位置、隧道的尺寸等因素对隧道变形的影响。然而,对于土体的基本性质(土体密度)、支挡结构的刚度等因素尚缺乏研究。

土体的密度是土体最基本的性质之一。它决定于土体的孔隙比,显著影响着土体的劲度,会随着荷载的变化而发生变化,从而对基坑开挖引起隧道变形产生一定的影响。此外,根据Wang等(2010)[88]对300个基坑开挖的案例分析结果发现,当支挡结构分别采用地下连续墙和钢板桩墙时,基坑开挖卸荷引起的平均最大水平位移分别为1.5%H和0.27%H(H为基坑开挖深度)。可见,支挡结构刚度对引起土体水平位移的大小发挥着重要的作用。当有隧道位于基坑周围时,如何采用合理的支挡结构刚度才能有效地减少开挖对隧道的影响,确保隧道能够正常运行是十分重要的岩土工程问题。由于土体劲度是应力依赖的,再现土体的应力水平是正确模拟隧道变形规律的关键。可见,进一步加强离心模型试验研究势在必行。

1.4.3 土体相对密实度和支挡结构刚度对隧道变形影响机理不明确

基坑开挖对隧道影响的因素是多方面的,目前主要有以下几种:隧道与基坑的水平距离、竖向距离、基坑开挖尺寸、支护与加固方法、施工方案、开挖方式等。然而,大多研究都结合某个工程实例进行研究,由于多种因素的综合作用,无法准确预测某个因素对隧道变形的影响,缺乏系统研究。此外,如1.4.2节所述,土体的相对密实度显著影响着土体的劲度,随着荷载的变化而发生变化,从而对基坑开挖引起隧道变形产生影响。然而,目前对土体相对密实度的影响规律及作用机理尚不明确。此外,支挡结构刚度对隧道变形影响显著,但具体影响程度以及相应的作用机理尚不明确。明确土体的相对密实度和支挡结构刚度对隧道变形的影响机理可为工程实践中采用经济合理的加固措施提供科学依据。因此,需要研究土体相对密实度和支挡结构的刚度对隧道变形规律的影响,并揭示变形机理。

1.4.4 考虑土体劲度的应力应变依赖性是合理开展数值模拟的关键

从前面的分析可以发现,在基坑开挖对隧道的影响问题中,主要运用了以下模型:摩尔-库伦模型(如Lo & Ramsay,1991[37];Dolezalova,2001[57];Sharma等,2001[46]),修正剑桥模型(如Zheng & Wei,2008[58]),土体硬化模型(如Huang et al.,2013[62]),以及亚塑性模型(Hypoplastic Model)(如Ng et al.,2013[63])。可见,目前存在的较多的研究基坑开挖引起隧道变形的本构模型是摩尔-库伦弹塑性模型,仅有少量的本构模型能够考虑土体的小应变特性以及应力路径依赖特性。基于Seed & Idriss(1970)[89],Iwasaki等(1978)[90],Simpson(1992)[91],Mair(1993)[92],Jovicic & Coop(1997)[93]和Oztoprak & Bolton(2013)[94]等的研究成果表明,土体是应变及应力路径依赖的。考虑土体的应力应变特性在数值模拟中非常重要,否则将会得到不合理的结果(Jardine et al.,1986[95];Ng & Lings,1995[96];Addenbrooke et al.,1997[97];Hejazi et al.,2008[98];Masin,2009[99];Svoboda et al.,2010[100])。因此,采用能够考虑土体应力路径以及应变依赖的本构模型是必要的。此外,目前尚缺乏评价不同本构模型的预测能力在基坑开挖引起隧道变形问题中应用的研究。

1.5 本书的研究内容及技术路线

综上所述,基坑开挖对隧道的影响问题是复杂且重要的岩土工程问题。单纯依靠某种方法并不能有效而深刻地分析和预测隧道的变形规律,需要采用综合的手段。本书拟在解析解答、离心模型试验以及数值模拟的基础上解决目前存在的问题,本书的研究工作及内容如下:

(1) 在 Mindlin 位移解答的基础上,提出了求解基坑开挖卸荷引起隧道变形的解析解答。该解答不仅可以考虑基坑底部的竖向应力释放对周围地基变形的影响,而且可以考虑基坑侧壁的水平应力释放引起的地基变形。

(2) 考虑到解析解答无法考虑土体的应力应变特性,于是利用香港科技大学离心机开展了离心模型试验,研究基坑开挖卸荷对隧道的影响规律,重点分析基坑开挖周围土体的密度和支挡结构的刚度对隧道的影响,从而为工程实践中的隧道保护提供依据。试验结果也可以验证有限元模拟和解析解答。

(3) 在离心模型试验的基础上,采用能够考虑土体小应变特性的亚塑性模型(Hypoplasitcity)模拟了离心试验过程,对比了离心模拟试验结果,分析了隧道横向及纵向变形机理。

(4) 利用有限元 Abaqus 软件[101],采用亚塑性模型进行了参数分析,研究不同的土体相对密实度,支挡结构刚度,基坑开挖尺寸(长度、宽度、深度),隧道埋深,隧道与基坑的相对位置等不同因素对隧道变形规律的影响。在此基础上,给出了简化公式,方便工程应用。

(5) 通过比较不同预测水平的本构模型在基坑开挖引起隧道变形中的应用,研究不同本构模型对隧道变形的影响,评估其预测能力,分析原因,为工程设计及施工人员提供参考。

为了清晰表达本书的研究思路,图 1-4 给出了本书的技术路线图。

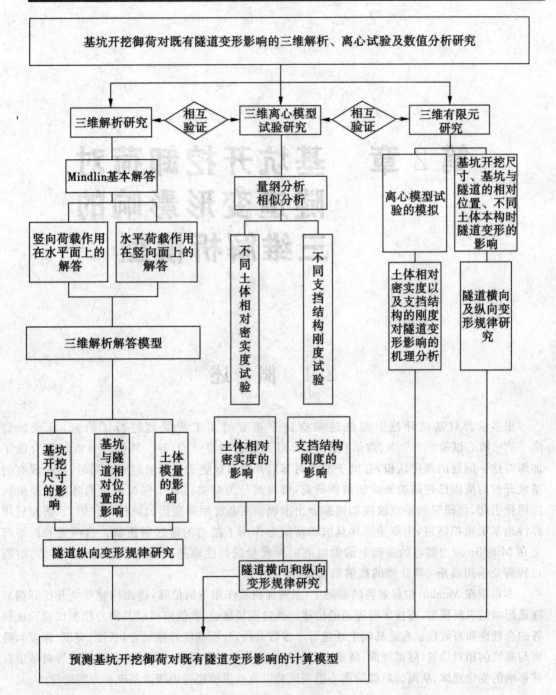

图1-4 技术路线图

第 2 章 基坑开挖卸荷对隧道变形影响的三维解析模型

2.1 概 述

很多学者对基坑开挖引起隧道响应这一重要岩土工程课题进行了研究,有现场监测[36~56]、离心试验[61,63,75,76]、数值模拟[57~63]以及解析解答[64~74]等。其中的解析解答有助于加深对这一问题的理论认识,有助于加深对基坑开挖引起隧道变形的理解。同时,通过现有的基坑开挖对周围已建隧道影响的解析研究,可将其分为两类:第一,假设隧道的隆起主要由坑底回弹引起,将研究的重点放在如何推导出准确预测基坑回弹变形的解析解。第二,研究应用弹性地基梁模拟隧道,主要是推导基坑卸荷应力作用下隧道的隆起解析解。这两类解析解都是在 Mindlin 应力解答的基础上借助坑底回弹模量或弹性地基梁理论求解隧道位移的,解答过程需要采用高斯-勒让德的数值解法,求解较复杂。

本章拟在 Mindlin 位移解答的基础上,求解面荷载作用下的位移,进而构建基坑开挖卸荷对隧道影响的求解模型,直接求解隧道的位移。通过现场试验、数值模拟以及离心模型试验验证解答的合理性和有效性。在此基础上还进行了参数分析,分析基坑开挖尺寸(长度、宽度、深度),隧道与基坑的相对位置(隧道埋深、隧道中心与基坑中心的水平距离)、土体的弹性模量等对隧道位移影响的变化规律,从而为后续的离心模型试验以及数值模拟提供理论基础和方案选择。

2.2 解答推导过程

2.2.1 基本假定

本章理论解答基于弹性半空间的 Mindlin 基本解答[102],基本假定为

(1) 土体为弹性、均质半无限空间体。
(2) 坑底荷载为均布荷载,大小为开挖掉的土体自重应力,方向向上;坑壁为三角形分布荷载,大小为水平静止土压力。
(3) 不考虑基坑开挖的时间因素,不考虑渗流等的影响。
(4) 不考虑隧道存在对卸荷引起的附加位移的影响,不考虑隧道的刚度影响。
(5) 不考虑基坑围护结构、土体加固等因素对卸荷附加位移的影响。

2.2.2 计算模型

基坑开挖前,假设地下水位于地表,地基初始应力为 K_0 状态(K_0 为静止土压力系数),基坑坑壁及坑底受到静止土压力和静水压力的共同作用,根据以上假设,基坑坑壁及坑底受到的有效侧向压力 p_h 和坑底的有效竖向压力 p_v 在深度 z 处分别为

$$p_h' = K_0(\gamma_{sat} - \gamma_w)z \tag{2-1}$$

$$p_v' = (\gamma_{sat} - \gamma_w)z \tag{2-2}$$

其中,γ_{sat} 为土体的饱和重度;γ_w 为水的重度。

基坑开挖完成后,由于不考虑支挡结构对土压力的影响,基坑周围土压力完全释放,则作用在基坑长度 L、宽度 W 和深度 D 的基坑(见图 2-1)侧壁(Δp_h)及坑底(Δp_v)的有效土压力分别为

$$\Delta p_h = K_0(\gamma_{sat} - \gamma_w)z \tag{2-3}$$

$$\Delta p_v = (\gamma_{sat} - \gamma_w)D \tag{2-4}$$

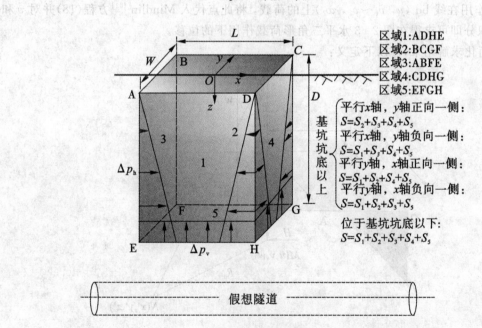

图 2-1 基坑开挖对隧道位移影响计算模型

对于离心模型试验中采用干砂试样的情况,可以归结为有效应力法的一种特殊情况。作用在基坑长度 L、宽度 W 和深度 D 的基坑(见图 2-1)侧壁(Δp_h)及坑底(Δp_v)的土压力分别为

$$\Delta p_h = K_0 \gamma_s z \tag{2-5}$$

$$\Delta p_v = \gamma_s D \tag{2-6}$$

其中，γ_s 为土体的有效重度。

如图 2-1 所示为基坑开挖卸荷的计算模型图以及坐标系统。三角形分布荷载（Δp_h）作用在基坑侧壁，均布荷载（Δp_v）作用在基坑底部。因此，为了求得开挖卸荷引起周围地基土体的位移，首先需要分别求得作用在基坑侧壁以及基坑底部的荷载引起的地基位移。

2.2.3 基本公式

Mindlin（1936）[102]推导了在无限均质弹性半空间内部作用水平和竖向集中荷载情况下任意一点的位移。Vaziri 等（1982）[103]在此基础上推导得出了水平均布及竖向均布荷载作用下的位移解答。本章基于 Mindlin（1936）[102]，在 Vaziri 等（1982）[103]坐标系统（见图 2-2）的基础上，推导得出了三角形水平荷载作用在竖向平面上（见图 2-3）的位移解答，竖向均布荷载作用在水平面上的位移解答（见图 2-4），求解过程如下。

如图 2-2 所示为作用在半无限地基内部的水平和竖向集中荷载。坐标原点位于地表。Mindlin（1936）[102]基本方程中所求的点位于（$u=0$，$v=0$，$w=c$），为了求得半无限空间内部的任一点（$u=0$，$v=0$，$w=c$），需要进行坐标平移。平移后的坐标系如图 2-2 所示。

当三角形分布的水平荷载作用在竖向矩形面上时，如图 2-3 所示，作用在点（u，v，w）处荷载可以写成

$$H = \frac{w - w_1}{w_2 - w_1} p_1 \mathrm{d}v \mathrm{d}w \tag{2-7}$$

p_1 是作用在线 bd（u，$v_1 \sim v_2$，w_2）上的荷载，将此点代入 Mindlin[102]方程(18)并对 v 和 w 做二次积分即可求得在图 2-3 水平三角形荷载作用下的位移。

为了简化求解结果，作以下定义：

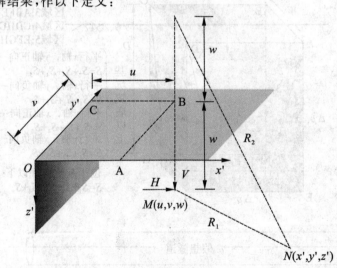

图 2-2 作用在半无限空间内任一点的坐标系（根据 Vaziri 等，1982[103]重画）

$$X = x' - u \tag{2-8}$$
$$Y = y' - v \tag{2-9}$$
$$Z_1 = z' - w \tag{2-10}$$
$$Z_2 = z' + w \tag{2-11}$$

$$R_i = \sqrt{X^2 + Y^2 + Z_i^2} \quad (i = 1\,\text{or}\,2) \tag{2-12}$$

$$T_{\alpha i} = \arctan\frac{XYZ_i}{\alpha^2 R_i} \quad (\alpha = X, Y\,\text{or}\,Z_i; i = 1\,\text{or}\,2) \tag{2-13}$$

例,

$$T_{z1} = \arctan\frac{XY}{Z_1 R_1} \tag{2-14}$$

$$T_{AB} = \arctan\frac{B}{A} \quad (A = X, Y\,\text{or}\,Z_i; B = X, Y\,\text{or}\,Z_i; i = 1\,\text{or}\,2) \tag{2-15}$$

例,

$$T_{YZ_1} = \arctan\frac{Z_1}{Y} \tag{2-16}$$

$$\beta = 16\pi G(1-v) = 8\pi E\frac{1-v}{1+v} \tag{2-17}$$

其中,$T_{\alpha i}$ 和 T_{AB} 为图 2-2 中描述点 $M(u, v, w)$ 和点 $N(x', y', z')$ 之间位置关系的变量;β 为 Mindlin 位移解答[12]中定义的关于土体性质的系数;v 为泊松比;E 为弹性模量。

根据如图 2-2 所示的坐标系统以及以上参数的定义,求解半无限空间内任意点 $N(x', y', z')$ 处位移的 Mindlin's 原始方程[102]可以写成:

水平点荷载作用下的 z 方向的位移解答分别为

$$\delta_z = \frac{HX}{\beta}\left[\frac{(3-4v)Z_1}{R_2^3} + \frac{Z_1}{R_1^3} - \frac{6wz'Z_2}{R_2^5} + \frac{4(1-v)(1-2v)}{R_2(R_2+Z_2)}\right] \tag{2-18}$$

竖向点荷载作用下的 x, y, z 方向的位移解答分别为

$$\delta_z = \frac{V}{\beta}\left[(3-4v)\left(\frac{1}{R_1} + \frac{Z_2^2}{R_2^3}\right) - \frac{2wz'}{R_2^3} + \frac{Z_1^2}{R_1^3} + \frac{6wz'Z_2^2}{R_2^5} + \frac{8(1-v)^2 - (3-4v)}{R_2}\right] \tag{2-19}$$

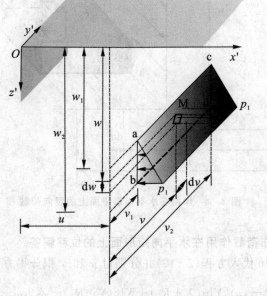

图 2-3 作用在竖向矩形平面上的三角形水平荷载

2.2.3.1 水平三角形荷载作用在竖向矩形面上的位移解答

将方程(2-7)代入方程(2-18)分别对 v 和 w 求积分得方程(2-20)

$$\delta_z = \frac{p_1 X}{\beta(w_2-w_1)}\left[\{(3-4v)\left[-\frac{X^2-2z'^2}{X}T_{X2}+3z'\ln(Y+R_2)+Y\ln(Z_2+R_2)\right]\right.$$
$$+XT_{x1}-Y\ln(Z_1+R_1)-z'\ln(Y+R_1)-2z'\left[\frac{Yw^2}{(X^2+Z_2^2)R_2}+\frac{2z'T_{x2}}{X}+2\ln(Y+R_2)\right]$$
$$\left.-4(1-v)(1-2v)\left[\frac{X^2-Z_1Z_2}{2X}(T_{XY}-T_{X2})+z'\ln(Y+R_2)+\frac{Y}{2}\ln(Z_2+R_2)\right]\right\} \quad (2-20)$$

$$\left.\begin{array}{l}w=w_2\\w=w_1\end{array}\right]\left.\begin{array}{l}v=v_2\\v=v_1\end{array}-\frac{w_1 p_1 X}{\beta(w_2-w_1)}\left[\{(3-4v)\left[-\frac{2z'}{X}T_{x2}-\ln(Y+R_2)\right]-\ln(Y+R_1)\right.$$
$$\left.-\frac{2z'wY}{(X^2+Z_2^2)R_2}+\frac{2z'T_{X2}}{X}+4(1-v)(1-2v)\left[\ln(Y+R_2)+\frac{Z_2}{X}(T_{X2}-T_{XY})\right]\right\}$$

$$\left.\begin{array}{l}w=w_2\\w=w_1\end{array}\right]\left.\begin{array}{l}v=v_2\\v=v_1\end{array}$$

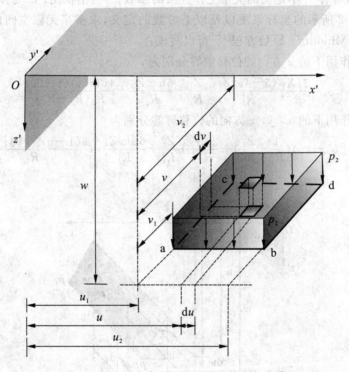

图 2-4　作用在水平矩形平面上的竖向荷载

2.2.3.2 竖向均布荷载作用在水平矩形面上的位移解答

同理,将 $V=p_2\mathrm{d}u\mathrm{d}v$ 代入方程(2-19)并分别对 u 和 v 积分得方程(2-21):

$$\delta_z=\frac{p_2}{\beta}\left[\{(3-4v)[Y\ln(X+R_1)+X\ln(Y+R_1)-Z_1T_{Z1}+Z_2T_{Z2}]\right.$$
$$+Z_1T_{Z1}+\frac{2wz'XY}{R_2}\left(\frac{1}{X^2+Z_2^2}+\frac{1}{Y^2+Z_2^2}\right) \quad (2-21)$$

$$+[8(1-v)^2-(3-4v)][Y\ln(X+R_2)+X\ln(Y+R_2)-Z_2T_{Z2}]\}\begin{matrix}u=u_2\\u=u_1\end{matrix}\begin{matrix}v=v_2\\v=v_1\end{matrix}$$

必须指出的是,本书方程(2-20)和(2-21)的解答和Vaziri等[103]的解答在形式上略有不同,这是由于T_{ai}的定义不同引起的。可以证明,二者解答是一致的。

2.2.4 基本解答的验证

以上基本公式的推导是复杂的,为了验证解答的正确性,需要进行对比分析。然后,由于水平三角形荷载作用在竖向矩形面上的情况尚未有其他解答,考虑到公式推导的一致性和连续性,本节主要验证竖向荷载作用在水平面上的解答的正确性。

Groth 和 Chapman (1969,1974)[104,105]给出了竖向荷载作用在水平面上时角点 K 的位移值,如图 2-5 所示。为了对比分析,选取以下参数:$a=1$ m,$b=1,5,10$ m,$h/b=0,0.5,1.0,1.5,2.0$,$p=1$ kPa,$E=1$ MPa,$v=0.5$,其中 a,b 分别为荷载施加矩形面的短边和长边长,h 为加载区域埋置深度,p 为竖向均布荷载。必须指出的是,由于角点处为奇点,无法直接计算得出,需要采用附近的点进行代替,如点 (1,1,1) 可以采用点 (1.0001,1.001,1.001) 代替求得。

如图 2-5 所示为本书解答结果和 Groth 和 Chapman (1969,1974)[104,105] 解答结果的对比图,从图中可以看出,二者解答较吻合,说明本书解答是正确的。

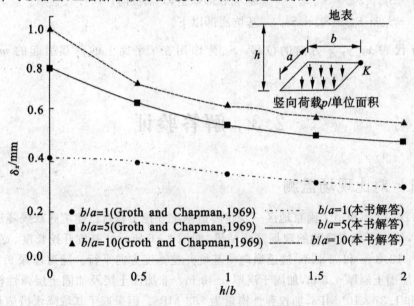

图 2-5 作用在水平矩形平面上的竖向荷载引起角点 K 的竖向位移

2.2.5 求解方法

图 2-1 的计算模型中,包含五个面,即四个竖直面(1~4)和一个水平面(5),分别用数字 i ($i=1$~5)表示,如 $i=2$ 指的是平面 BCGF。S_{im} 表示作用在平面 i 上的荷载引起的 m 方向的位移($m=x,y$ 和 z),可以通过以上推导的基本公式(2-20 和 2-21),根据局部坐标系(见图 2-3 和 2-4)和整体坐标系(见图 2-1)之间的转换关系求得。例如,由水平作用在 2 平面上的

水平荷载引起的竖向位移 S_{2z} 可以通过将 $p_1=\Delta p_{hmax}=K_0(\gamma_{sat}-\gamma_w)D$，$u=W/2$，$v_1=-L/2$，$v_2=L/2$，$w_1=0$，$w_2=D$，$x'=y$，$y'=x$ 和 $z'=z$ 代入方程（2-20）求得；由作用在面 5 上的竖向荷载变化 Δp_v 引起的竖向位移 S_{5z} 可以通过将 $p_2=\Delta p_v=(\gamma_{sat}-\gamma_w)D$，$u_1=-L/2$，$u_2=L/2$，$v_1=-W/2$，$v_2=W/2$，$w=D$，$x'=x$，$y'=y$ 和 $z'=z$ 代入方程（2-21）得到。表 2-1 为作用在基坑每个面上的荷载引起相应位移的基本公式及坐标转换。

为了求得该模型对周围土体变形的影响，需要采用叠加法求得，即分别求得每个面上的荷载引起的位移后叠加得到基坑开挖卸荷引起的总位移。然而，必须注意到，基本公式的推导是基于半无限弹性空间理论，地基内部是连续无缺口的，而基坑开挖完成后的模型是带有缺口的。因此，考虑到基坑开挖引起的缺口不传递应力，在叠加过程中，对位于基坑底部以上位于基坑一侧的土体位移，采用忽略对立面的荷载变化而引起的这部分位移的叠加方法，否则会得到不合理的结果。这是由于作用在区域 1 上的荷载引起的位移（即 S_{1m}）会被作用在对立面区域 2 上的荷载在区域 1 上引起的位移（即 S_{2m}）部分抵消（以区域 1 和区域 2 为例，对立面区域 3 和区域 4 类似）。因此，在图 2-1 的计算模型中，分区域计算位移公式如下：

$$S_m \begin{cases} S_{2m}+S_{3m}+S_{4m}+S_{5m} & \text{基坑底部以上，} y \text{ 轴正向；} \\ S_{1m}+S_{3m}+S_{4m}+S_{5m} & \text{基坑底部以上，} y \text{ 轴负向；} \\ S_{1m}+S_{2m}+S_{4m}+S_{5m} & \text{基坑底部以上，} x \text{ 轴正向；} \\ S_{1m}+S_{2m}+S_{3m}+S_{5m} & \text{基坑底部以上，} x \text{ 轴负向；} \\ S_{1m}+S_{2m}+S_{3m}+S_{4m}+S_{5m} & \text{基坑底部以下。} \end{cases} \quad (2-22)$$

其中，m 代表 x，y，z 方向的位移，S_{im} 为作用在 i 平面上的荷载引起的 m 方向的位移，$i=1\sim5$。

2.3 解答验证

2.3.1 对比现场监测

Liu 等（2011）[38] 报道了南京地区一新建隧道基坑开挖工程对已建坑底双线隧道影响的现场监测案例，给出了隧道隆起的现场监测结果，如图 2-6 所示。基坑开挖长度、宽度、深度分别为 420 m，12.8 m 和 7.8 m。隧道纵向与基坑开挖宽度方向平行。隧道埋深 9.95 m，隧道顶部以上非加固土层厚 4.5 m，加固土层厚 5.45 m。非加固土层及加固土层弹性模量分别为 28.8 MPa 和 1.37×10^3 MPa，加权弹性模量为 763 MPa。因采取了基坑降水措施且对基坑进行了加固，故开挖卸荷土体重度 γ 取 19 kN/m³。水平土压力系数 K_0 取 0.46，泊松比取 0.3。因为双线隧道均离基坑中心较近，故假定隧道位于坑底正下方，根据以上数据，利用本书的解析解求得的隧道隆起如图 2-6 所示。可见，本文的解析解比较准确的预测了坑底隧道的最大隆起。然而，该解析解答预测的隧道隆起槽比监测结果要宽得多。监测数据显示隧道隆起基本位于距离基坑中心 15 m 左右，而解析结果表明，在距离基坑中心 60 m 处依然有 3 mm 的隧道隆起。原因有以下几点：第一，实际工程中采用了大量的加固以及施工措施，如注浆加固土体，设置抗拔桩，设置钢管支撑，支挡结构以及分段开挖等，限制了隧道隆起的范围；第二，解析解答假设为半无限空间体，不考虑支挡结构刚度对隧道变形的影响；第三，解析解答采用固定的弹性模量,无法考虑土体的劲度随应变的变化,随土层的变化以及无法考虑土体的各向异性对土体劲度的影响。

表2-1 作用在基坑每个面上的荷载引起相应位移的基本公式及坐标转换

区域 i	1	2	3	4	5
基本公式	方程(2-20) $p_1 = \Delta p_{hmax}$	方程(2-20) $p_1 = \Delta p_{hmax}$	方程(2-20) $p_1 = \Delta p_{hmax}$	方程(2-20) $p_1 = \Delta p_{hmax}$	方程(2-21) $p_2 = \Delta p_v$
坐标转换	$u = -W/2$ $v_1 = -L/2$ $v_2 = L/2$ $w_1 = 0$ $w_2 = D$ $x' = y$ $y' = x$ $z' = z$	$u = W/2$ $v_1 = -L/2$ $v_2 = L/2$ $w_1 = 0$ $w_2 = D$ $x' = y$ $y' = x$ $z' = z$	$u = -L/2$ $v_1 = -W/2$ $v_2 = W/2$ $w_1 = 0$ $w_2 = D$ $x' = x$ $y' = y$ $z' = z$	$u = L/2$ $v_1 = -W/2$ $v_2 = W/2$ $w_1 = 0$ $w_2 = D$ $x' = x$ $y' = y$ $z' = z$	$u_1 = -L/2$ $u_2 = L/2$ $v_1 = -W/2$ $v_2 = W/2$ $w = D$ $x' = x$ $y' = y$ $z' = z$

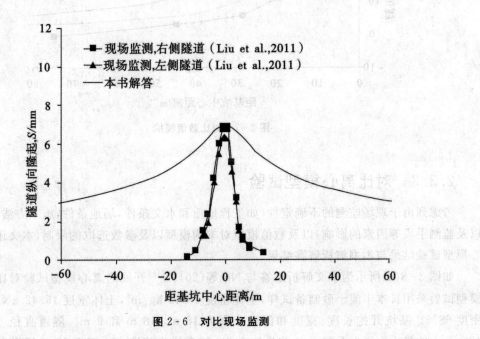

图2-6 对比现场监测

2.3.2 对比数值模拟

Huang等(2013)[62]通过有限元模拟研究了上海软土地区基坑开挖卸荷对坑底已建隧道的影响,主要研究了基坑与隧道的相对距离,隧道直径,开挖尺寸以及保护措施的影响。本构模型采用土体硬化模型(HS模型)。为了对比分析,本书选用隧道位于基坑中心正下方,坑底距离隧道中心为隧道直径 D 的情况进行验证,即原文中的 Road Tunnel 1(RT1)。基坑开挖长度、宽度、深度分别为 50 m,10 m 和 11 m。隧道直径 6.2 m,衬砌厚度 0.35 m,隧道埋深 14.1 m。隧道纵向与基坑开挖宽度方向平行,垂直隧道长度方向。土层弹性模量选用按土层厚度加权得到的再压缩模量 $E_{ur}=29$ MPa，泊松比 0.2，土体重度选用 18 kN/m³。水平土压力系数根据 $K_0=1-\sin\varphi$ 计算选用 0.55。计算采用有效应力法，将以上数据代入公式（2-22）得到的结果如图 2-7 所示。当土体弹性模量采用 29 MPa 时，解析解答结果高估了数值模拟得到的隧道隆起，得到的结果较保守，偏于安全，而当土体弹性模量采用 2 倍的再压缩模量即采用 58 MPa 时，计算得到的隧道隆起与数值模拟结果较吻合。可见，该解析解答能够较合理地预测隧道的隆起。正确选取弹性模量是实现这一目标的关键。

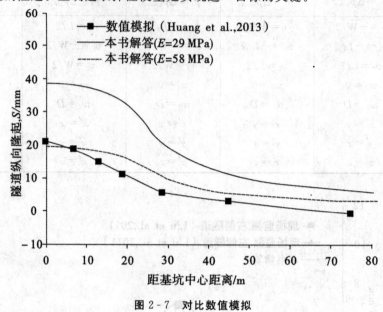

图 2-7 对比数值模拟

2.3.3 对比离心模型试验

考虑到由于现场监测的不确定性（如工程地质和水文条件，场地条件，施工方法，加固方式以及监测手段等因素的影响）以及数值模拟对本构模型以及参数选取的限制，本文还对比了离心模型试验结果与本书解析解答结果。

如图 2-8(a)所示为本文解析解答与 Ng 等（2013）[63]开展的离心模型试验对比图。离心模型试验采用日本丰浦干砂制备试样，土体密度 1 542 kg/m³，土体重度 15.42 kN/m³，相对密度 68%。基坑开挖长度、宽度和深度分别为 18 m，18 m 和 9 m。隧道直径 6 m，埋深 12 m，土的静止土压力系数 0.5，泊松比 0.3。隧道位于基坑中心正下方，隧道纵向平行于基坑长度方向。Ng 等（2013）[63]计算得到的土体的压缩模量 E_0 为 78 MPa。Duncan 和 Chang（1970）[106]指出土体的再压缩模量是压缩模量的 1.1～3.7 倍（分别对应土体的相对密实度是 100% 和 38% 的情况）。可以推断，离心模型采用的砂土再压缩模量是压缩模量的 2～3 倍。从图 2-8(a)中可以看出，当土体弹性模量采用 $2E_0$ 时，解析解答结果高估了离心模型试验得到的隧道隆起；而当土体弹性模量采用 $3E_0$ 时，计算得到的隧道最大隆起与离心模型试验结果较吻合，但在距离基坑中心 10 m 以外高估了隧道隆起；而当土体弹性模量采用 $4E_0$ 时，计算得到的隧道最大隆起低估了离心模型试验结果，而在距离基坑中心 10 m 以外高估了隧道隆起。这是因为本书给出的解析解答是弹性解答，无法考虑土体的劲度随应变的变化，从而在离基坑较远处高估了隧道的隆起。此外，还可以看出在给定的条件下，解析解答能够较好地预测隧道的最大隆起以及隧道纵向隆起的大致趋势，考虑解答的简便性，可以得出，本书的解析解答可以用来初步预测隧道的纵向隆起。

Huang 等(2013)[76]通过开展离心模型试验研究了上海软土地区基坑开挖卸荷对坑底已建隧道的影响，如图 2-8(b)所示为不同基坑开挖深度对隧道隆起的影响。基坑开挖长度和宽度分别为 50.4 m 和 10 m，深度为 3.8 m，7.1 m 和 11 m。隧道直径 6.2 m，衬砌厚度 0.35 m，隧道埋深 18.9 m。隧道纵向与基坑开挖宽度方向平行，垂直隧道长度方向。地下水位于地表以下 0.5 m。土层弹性模量选用按土层厚度加权得到的再压缩模量 $E_{ur}=29$ MPa，泊松比 0.2，土体加权重度 18 kN/m³。水平土压力系数根据 $K_0=1-\sin\varphi$ 计算选用 0.55。将以上数据代入公式(2-22)得到的结果如图 2-8(b)所示。本书解答和离心模型试验结果变化趋势较一致，即隧道隆起随着基坑开挖深度的增大而逐渐增大。解析解答较好地预测了离心试验结果的最大值，解析解答得到的隧道隆起槽大于离心模型试验结果。在基坑中心左右 20 m 范围内，解析解答较好地预测了隧道的隆起；距离基坑中心 45 m 以外，离心模型试验结果得到的隧道隆起值为零，而解析解答结果依然较大。这是因为，土体的劲度会随着应变的增大而减小，而本文提出的解析解答无法考虑这一点，从而导致在离基坑中心较远处，依然高估了隧道的隆起。

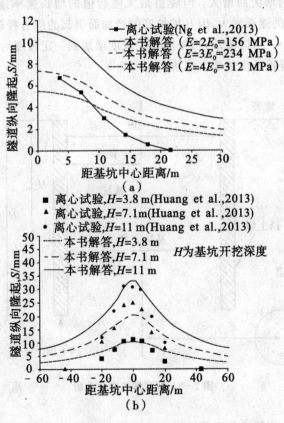

图 2-8 对比离心模型试验

(a) 砂土中的离心试验；(b) 黏土中的离心试验

通过以上对比现场监测、数值模拟以及离心模拟结果表明,本书提出的解析解答能够较好地预测隧道的最大隆起,较合理地预测隧道的位移变化趋势,但不能准确地预测隧道隆起影响区域,这是由于本书提出的解析解答是基于弹性理论推导得出的,不能考虑土体的劲度随应变的增大而减小这一土体基本特征。然而,本文解答提供了一种简便求解隧道纵向位移的方法,基于现场试验或室内试验结果即可用来预测隧道的位移。

2.4 参数分析

本节参数分析中所用参数以 Ng 等(2013)[63]开展的离心模型试验为基础进行选取。选取的参数如图 2-9 所示及见表 2-2。

2.4.1 基坑开挖长度的影响

图 2-10 和图 2-11 为基坑开挖长度对隧道位移隆起分布以及最大隆起的影响。可见,无论隧道位于基坑中心($F=0$ m)还是偏离基坑中心一侧($F=12$ m),隧道隆起槽及最大隆起值都随着基坑开挖长度的增大而增大,但隧道最大隆起值的增长速率逐渐变小。这可能是由于,随着基坑开挖长度的逐渐增大,因开挖长度的增加而引起的应力释放量增量对基坑中心的隧道隆起影响越来越小。可以推断,当基坑开挖长度增加到一定程度后,基坑中心处的隧道隆起基本不会随着基坑开挖长度的增大而增大。

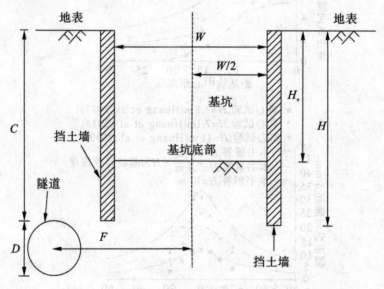

图 2-9 解析解答参数分析

此外,还可以发现,当隧道位于基坑坑底基坑中心一侧时,同隧道位于基坑中心正下方时的情形类似,隧道发生了隆起,但最大隆起值变小了。这是由于,随着隧道距离基坑越来越远,作用在隧道上的应力逐渐减小的缘故。

表 2-2 参数分析

隧道中心距基坑中心距离, F/m	基坑开挖深度, H_e/m	基坑开挖长度, L/m	基坑开挖宽度, W/m	隧道埋深, C/m	土体弹性模量, E/MPa	其他参数
0	9	18	9,18,36,54	12	234	土体密度 1 542 kg/m³; 隧道直径 $D = 6$ m; 泊松比 0.3; 静止土压力系数 0.5
0	9	9,18,36,54	18	12	234	
0	6,9,18,36	18	18	48	234	
0	9	18	18	12,24,36,48	234	
0	9	18	18	12	79,156,234,316	
6,12,18,24	9	18	18	12	234	
12	9	18	9,18,36,54	12	234	
12	9	9,18,36,54	18	12	234	
12	6,9,18,36	18	18	48	234	
12	9	18	18	12,24,36,48	234	
12	9	18	18	12	78,156,234,316	

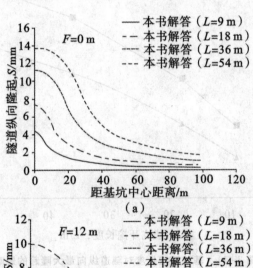

(a)

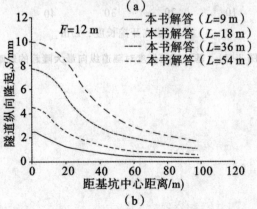

(b)

图 2-10 基坑开挖长度对隧道纵向隆起的影响

2.4.2 基坑开挖宽度的影响

图 2-12 和图 2-13 为基坑开挖宽度对隧道位移隆起分布以及最大隆起的影响。可见,同基坑开挖长度对隧道最大隆起值的影响相同,对于隧道位于基坑中心($F=0$ m)以及偏离基坑中心一侧($F=12$ m)的情况,隧道最大隆起值都随着基坑开挖宽度的增大而增大,但隧道最大隆起值的增长速率逐渐变小;同基坑开挖长度对隧道隆起槽的影响不同,基坑开挖宽度对隧道隆起槽的影响较小。这可能是由于,隧道纵向平行基坑开挖的长度方向,而垂直于基坑开挖的宽度方向,基坑开挖宽度方向的应力释放量的增加仅影响隧道横向的应力释放量而对纵向隆起的应力变化影响较小,从而导致宽度的增加引起较小的隧道纵向隆起槽变化。此外,还可以发现,当隧道位于基坑坑底基坑中心一侧时,同隧道位于基坑中心正下方时的情形类似,隧道发生了隆起,但两种情况下的隧道最大隆起值随着基坑宽度的增大而逐渐接近。这是因为,随着基坑开挖宽度的增大,位于基坑中心一侧的隧道逐渐接近基坑中心,从而导致二者结果接近。

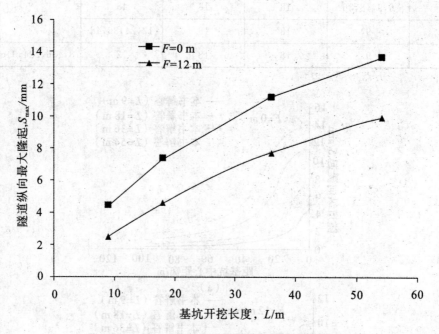

图 2-11 基坑开挖长度对隧道纵向最大隆起的影响

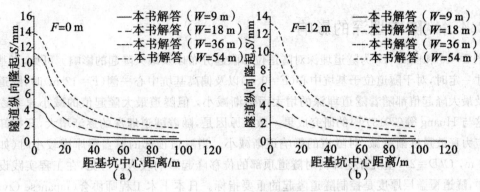

图 2-12 基坑开挖宽度对隧道纵向隆起的影响
(a) $F=0$ m; (b) $F=12$ m

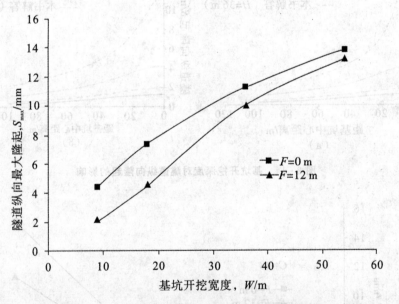

图 2-13 基坑开挖宽度对隧道纵向最大隆起的影响

2.4.3 基坑开挖深度的影响

图 2-14 和图 2-15 为基坑开挖深度对隧道位移隆起分布以及最大隆起的影响。可见,当隧道埋深一定时,对于隧道位于基坑中心($F=0$ m)以及偏离基坑中心一侧($F=12$ m)时,隧道隆起区域及最大隆起值都随着基坑开挖深度的增大而增大,但隧道最大隆起值的增长速率逐渐增大。这是由于,随着基坑开挖深度的逐渐增大,因开挖深度的增加而引起的应力释放量离隧道越来越近,从而导致相同的基坑开挖量引起了较大的隧道隆起。

此外,注意到当基坑开挖深度(H_e)和隧道埋深(C)之比 H_e/C 小于 0.375 时,无论隧道位于基坑中心还是基坑外侧,隧道最大隆起值大致相同;当 H_e/C 大于 0.375 时,二者差别随深度而逐渐增大。

2.4.4 隧道埋深的影响

图 2-16 和图 2-17 为隧道埋深对隧道位移隆起分布以及最大隆起的影响。可见,当基坑开挖尺寸一定时,对于隧道位于基坑中心($F=0$ m)以及偏离基坑中心一侧($F=12$ m)时,隧道隆起区域及最大隆起值都随着隧道埋深的增大而逐渐减小,但隧道最大隆起值的减小速率逐渐变小。这与 Huang 等(2013)[76]的研究成果一致。原因是,随着隧道埋深的逐渐增大,开挖卸荷引起的应力释放量逐渐衰减,对隧道的影响逐渐减小。当隧道顶部的覆盖层厚度较小时(如图中 $C=12$ m,$C/D=2$),基坑开挖卸荷对隧道顶部的位移隆起影响较大。可见,在工程实践设计与施工中,隧道覆盖层厚度是控制隧道隆起的重要指标。日本土木工程师协会(Japanese Civil Engineering Society,2001)[107]明文规定隧道覆盖层厚度应该至少大于隧道的外径。

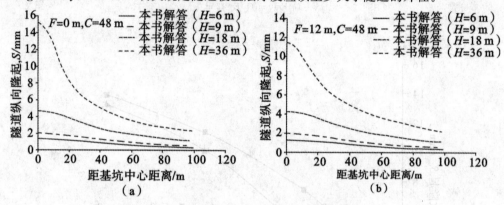

图 2-14　基坑开挖深度对隧道纵向隆起的影响

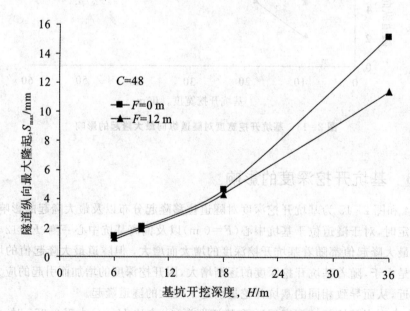

图 2-15　基坑开挖深度对隧道纵向最大隆起的影响

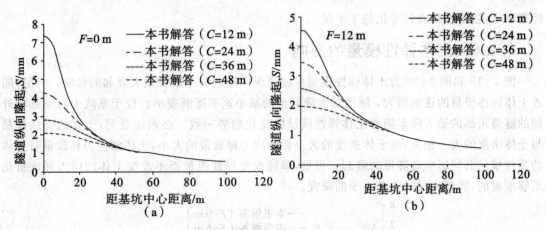

图 2-16 隧道埋深对隧道纵向隆起的影响
(a) $F=0$ m; (b) $F=12$ m

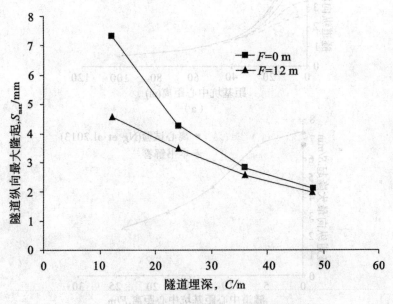

图 2-17 隧道埋深对隧道纵向最大隆起的影响

2.4.5 隧道中心与基坑中心的距离的影响

图 2-18 为隧道中心与基坑中心的距离(F)对隧道位移隆起分布以及最大隆起的影响。可见,当基坑开挖尺寸一定时,隧道隆起区域及最大隆起值都随着隧道中心与基坑中心的距离(F)的增大而逐渐减小,但隧道最大隆起值的减小速率先缓后快最后趋于平缓。这与 Zhang 等(2013)[74]的研究结论是一致的。原因是,当 F 小于基坑宽度一半时(即隧道位于基坑下方时),坑底卸荷作用在隧道上的附加应力变化不大,因此隧道隆起变化较平缓;当 F 大于基坑宽度一半时(即当隧道位于基坑外侧时),基坑开挖卸荷作用在隧道上的附加应力迅速变小,从而导致隧道最大隆起变化较大;当 F 进一步增大到无穷时,开挖卸荷引起的附加应力变化已

经很小了,隧道位移隆起变化趋于平缓。

2.4.6 土体弹性模量的影响

图 2-19 和图 2-20 为土体弹性模量对隧道纵向隆起分布以及最大隆起的影响。可见,随着土体弹性模量的逐渐增大,隧道最大隆起值的减小速率逐渐变小。位于基坑中心与基坑外侧的隧道顶部的最大隆起随着土体弹性模量的变化趋势一致。必须注意到,土体的弹性模量与土体密度的大小相关,而土体密度的大小影响应力释放量的大小,土体的应力释放量与土体的弹性模量共同影响着隧道的隆起。可见,单纯改变弹性模量而不改变土体的应力释放量是不够准确的,需要通过试验进一步的研究。

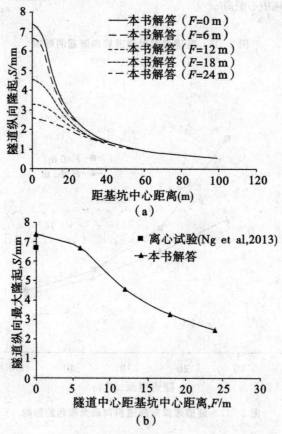

图 2-18 隧道中心与基坑中心的距离对隧道纵向隆起

(a)隆起分布;(b)最大值的影响

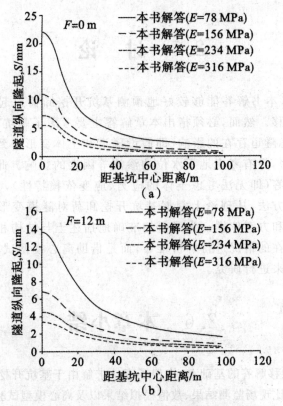

图 2-19 土体弹性模量对隧道纵向隆起的影响
(a) $F=0$ m; (b) $F=12$ m

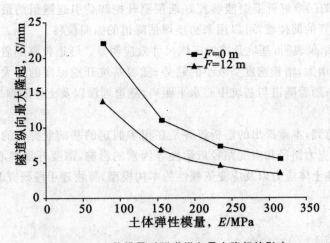

图 2-20 土体模量对隧道纵向最大隆起的影响

综上所述，隧道顶部最大隆起随着基坑开挖的长度、宽度的增大而逐渐增大，增长速度呈减小的趋势；随着基坑开挖深度的增大而逐渐增大，增长速度呈增大的趋势；随着隧道与基坑中心水平距离、隧道埋深以及土体的弹性模量的增大而逐渐减小。然而，必须注意到，以上结论是在忽略支挡结构存在的情况下得出的，对于存在支挡结构情况下的结论需要进一步的研究和验证。

2.5 讨 论

从以上分析可见，本书解答能够较好地预测基坑开挖卸荷引起的隧道位移，可以用来预测隧道的纵向位移。然而，必须指出本章解答主要考虑了基坑开挖卸荷引起的周围土体的位移，没有考虑隧道存在的影响（即假设隧道和土体变形一致，对考虑隧道存在的情况需要进一步研究），没有考虑地下水位的渗流等因素的影响。此外，还必须指出本章提出的解答是弹性解答（即无法考虑土体的应力、应变依赖特性），目的在于提出一种简便的计算隧道位移的方法，从理论上掌握基坑开挖卸荷对隧道变形规律的影响，为后续的研究提供理论基础和方案依据。为了更加准确地描述土与结构相互作用问题，后续章节不再对考虑隧道存在的情况进行解析推导，而是借助离心模型试验以及采用高级本构模型的数值模拟方法来进行研究。

2.6 本章小结

本章在 Mindlin 位移解答的基础上，构建了直接求解由于基坑开挖卸荷引起隧道位移的三维解析模型，通过对比现场监测结果、数值模拟结果以及离心模型试验结果验证了解答的合理性、实用性和局限性，开展参数分析研究了基坑开挖的尺寸（长度、宽度、深度）、隧道与基坑的水平距离、隧道埋深、土体的弹性模量等因素对隧道位移的影响，得到了以下结论：

(1) 本章提出的三维解析模型能够较好地预测开挖卸荷引起隧道的最大位移，隧道位移变化趋势。由于计算的简便性，可以用来初步评估隧道的纵向位移。

(2) 参数分析结果表明，基坑开挖的三维尺寸效应明显。隧道位移随着基坑开挖的长度、宽度的增大而逐渐增大，增长速度呈减小的趋势；随着基坑开挖深度的增大而逐渐增大，增长速度呈增大的趋势；随着隧道与基坑中心水平距离、隧道埋深以及土体的弹性模量的增大而逐渐减小。

然而，必须注意到，本章提出的解析解答是在很多假定的基础上提出的，没有考虑到土体的非线性、非弹性、应力路径和应变路径依赖性等因素的影响，需要开展离心模型试验或数值模拟（采用能够描述土体应力以及应变依赖性的本构模型）等物理手段研究基坑开挖卸荷对隧道的影响。

第3章 基坑开挖卸荷对隧道变形影响的三维离心模型试验设计

3.1 离心模型试验概述

3.1.1 几种岩土物理模拟技术简介

岩土工程问题是复杂的,主要表现在两个方面,一是由于其研究对象岩土是大自然的产物,本身具有重力依赖性,且具有时空可变性,人们要认识与掌握这种时空分布规律并非易事;二是岩土与其相接触的构筑物之间共同作用是一个复杂的结构力学问题,它们往往是非线性的或动态的,这就给岩土工程的建设带来很多困难。因此,人们在工程建设之前、之中和之后,通过各种手段了解它的性状和表现,分析获得的资料,研究它的行为,从而判断其安全性,做出相应的对策。

Muir Wood (2001)[108]提出一个循环圈来认识岩土工程问题,即观测(observation)—分析映射(reflection)—预测(prediction)—观测(observation)。观测是设计和确定土与结构受力变形特性最可靠最直接的方法,并且是验证数值分析和模型试验合理性最重要的手段,然而其周期长、耗资大。适用于对完工后的工程进行分析验证,不能事先对工程设计进行指导。预测是工程建设中很重要的环节。预测手段主要包括解析推导、数值模拟以及物理模拟。对于复杂的土木工程问题,很难通过理论推导得出土与结构的变形特性。数值模拟是一种方便快捷的方法,可以快速的研究分析结构的受力和变形特性,但其精度主要取决于描述结构物和土体的数学模型是否合适,模型的参数是否准确。对于岩土工程这样复杂的岩土工程问题,其结果的准确性和合理性需要验证。物理实验和物理模拟技术可以根据原型来合理的设定和控制边界条件,模拟假想的受力条件,从而预测或再现多种因素作用下工程的性状,甚至模拟其破坏过程。对于比较复杂的土与结构相互作用问题,能够研究某种因素的改变带来的影响,这些分析研究具有非常重要的价值。物理模拟所得到的信息具有超前性,能够为设计提供充分的技术依据或信息,也可以用来验证数值分析的结果。分析映射是将观测和预测的结果进行综合分析,做出整理判断,进行反馈分析,提出相应的对策,再进行进一步的预测和观测,以期改善结构物的性状。

物理模拟的种类很多,主要:1g 小比尺模拟,1g 大比尺或足尺模拟,校准桶试验,1g 振动台试验和离心模型试验等。Springman(2001)[109]对上述各种物理模拟试验进行了评价,其优缺点见表 3-1。

表 3-1 各种物理模拟方法的比较[109]

物理模型类型	优点	缺点
1g 小比尺模拟	1.时间短; 2.省钱; 3.条件易控; 4.适用于校核设备和试验原理的初步试验	1.应力不准确; 2.存在吸力和膨胀对结果的潜在影响; 3.边界条件的影响
1g 足尺或大比尺模拟	1.应力正确; 2.土的情况可控; 3.1:1 或接近 1:1 模型	1.建造模型费工、费钱; 2.消散过程费时; 3.边界条件的影响
校准筒试验	1.垂直于侧面可以施加已知的边界条件(应力或位移); 2.单元体的内力可代表足尺条件; 3.土的情况和几何条件可控(轴对称为主)	1.应力梯度有时不真实; 2.仅能代表部分边值问题; 3.水平向和径向的主应力施加有问题; 4.不能代表现场的施工和安装的影响
1g 振动台	1.用于地面运动的模拟; 2.地震频率的比尺不一定必要; 3.自由度最大为 6	1.较多地注意了面积而不是深度; 2.地表的应力不正确; 3.边界上有波的反射; 4.现场附件的地震不能很好的模拟

续表

物理模型类型	优点	缺点
ng 离心模型试验	1. 可正确模拟应力随深度的变化； 2. 使揭露性状的关键机理的理想成为可能； 3. 土的选择，应力历史的设计，可控的加荷系统都可能实现； 4. 费用和时间相对较省； 5. 变形和破坏机理可以观测	1. N 值和土的重力随深度而变； 2. 存在科氏效应； 3. 模型同样需要重构或重塑； 4. 颗粒尺寸,结构单元,位移的影响； 5. 界面粗糙度比尺及剪切面相对于粒径的比尺的影响； 6. 边界的影响； 7. 微型测试仪器、现场观测设备的尺寸和精度； 8. 应力路径的差别； 9. 施工方法上有区别； 10. 动力模拟比尺的挑战，液体黏性的改变

通过表 3-1 可以发现，上述物理模拟方法各有不同的特点，可应用于不同的场合。由于岩土工程的自重应力影响巨大，能模拟原型自重应力的离心模型技术就成为预测和验证的不可替代的手段。目前，土工离心模拟实验作为一种最有效的模拟方法，几乎涉及土木工程的所有领域，成为工程技术研究中最先进最有效的手段之一。国内外几十年的研究结果表明，离心模拟在岩土工程领域的作用可归纳如下：①工作机理和破坏机制研究；②设计参数研究；③设计计算方法和设计方案的验证比选；④数学模型和数值计算方法的验证。

3.1.2 岩土离心模拟技术的基本原理

众所周知，土体性状是应力依赖的。对于图 3-1[110]中的 A 试样，初始时位于临界状态线 (CSL)之下，当在 $1g$（即 9.81 m/s^2）小模型试验中，在相对较低的侧限压力作用下受剪时，将朝临界状态线方向发生剪胀。对于相同密度下的 B 试样，当位于临界状态线以上、正常固结线(NCL)线上或以下时，由于受到较高的侧限压力（如在现场应力条件或离心模型试验中），土体将发生剪缩。这表明，对于 A 试样在 $1g$ 室内小模型试验所得到的结果，当运用在原型问题设计和施工中是不保守的，甚至是危险的。这是因为，在 $1g$ 条件下得到的剪胀行为在现场高应力的条件下是不会发生的。因此，在开展物理实验时再现土体的应力水平是非常重要的。

土工离心模型试验就是借助离心机的高速旋转为模型创造一个与原型应力水平相同的应力场，从而使原型的性状在模型中再现的一种物理模拟手段。具体说来，就是将缩小尺寸的土工模型试验置于高速旋转的离心机上，让模型承受大于重力加速度的作用，补偿因模型尺寸带来的土工构筑物的自重损失[111~113]。离心试验模型以恒定加速度(ω)绕轴转动，所提供的离心加速度等于 $r\omega^2$(r 为模型中任意一点距转动中心的距离)。如果模型与原型采用相同的土体，那么当离心加速度为 N 倍的重力加速度时($Ng = r\omega^2$)，模型深度 h_m 处土体将与原型深度 $h_p = Nh_m$ 处土体具有相同的竖向应力：$\sigma_m = \sigma_p$。这是离心模拟最基本的相似比原理，即尺寸缩小 N 倍的土工模型承受 N 倍重力加速度时，模型土体应力和原型相似。

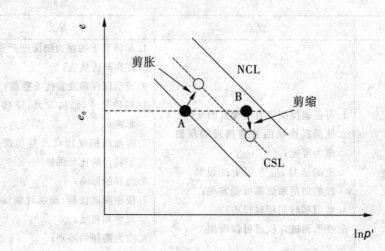

图 3-1 相同密度的土体在不同围压下的剪胀剪缩性状[110]

3.1.3 离心模拟技术的运动学原理

土工离心模拟的加速度是人为施加的,模型中任一点的离心加速度随离心半径的变化而变化,因此,模型土体的离心加速度分布与原型并不相同。研究离心模型试验的运动学原理,有助于提高对离心模型试验的认识。图 3-2 为离心模型试验转动时的俯视图。以离心模型中任意一点 P 为研究对象,建立离心机模型的运动学公式。

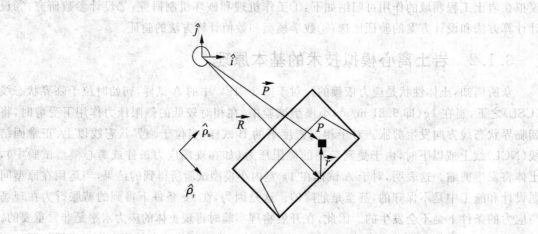

图 3-2 离心模型转动时的俯视图

如图 3-2 所示,向量坐标系固定在旋转的离心模型上,其径向、环向分别由单位向量 $\hat{\rho}_r$、$\hat{\rho}_n$ 所示。基于该旋转坐标系,点 P 的向量坐标可表示:

$$\vec{P} = \vec{R} + \vec{r} = R_r\hat{\rho}_r + r_r\hat{\rho}_r + r_n\hat{\rho}_n \qquad (3-1)$$

式中,各向量的方向如图所示。对式 (3-1) 求二次导可得 P 的加速度:

$$\frac{\mathrm{d}^2 \vec{P}}{\mathrm{d}t^2} = \frac{\mathrm{d}^2 \vec{R}}{\mathrm{d}t^2} + \frac{\mathrm{d}^2 \vec{r}}{\mathrm{d}t^2} \qquad (3-2)$$

上述分析假定离心机转动时,机臂与地面平行(除径向环向加速度外,轴向加速度 $\hat{\rho}_m = 0$)。如果假定:①离心机臂的长度保持不变($|\vec{R}|$ 为定值);②角加速度为 0($\dot{\theta}$ 恒定,$\ddot{\theta}=0$),式 (3-2) 可进一步推导为

$$\frac{\mathrm{d}^2 \vec{P}}{\mathrm{d}t^2} = \ddot{r}_r \hat{\rho}_r + \ddot{r}_r \hat{\rho}_n - 2\dot{\theta} \dot{r}_r \hat{\rho}_n + 2\dot{\theta} \dot{r}_n \hat{\rho}_r - \dot{\theta}^2 (R_r + r_r) \hat{\rho}_r - \dot{\theta}^2 r_n \hat{\rho}_n \qquad (3-3)$$

式中,各项的物理意义如下:

(1) $-\dot{\theta}^2 (R_r + r_r) \hat{\rho}_r - \dot{\theta}^2 r_n \hat{\rho}_n$:$P$ 点的向心加速度,由离心机运转所产生。

(2) $\ddot{r}_r \hat{\rho}_r + \ddot{r}_n \hat{\rho}_n$:$P$ 点相对于离心平台的加速度(径向环向两个分量),如试验台振动、边坡失稳造成。

(3) $-2\dot{\theta} \dot{r}_r \hat{\rho}_n + 2\dot{\theta} \dot{r}_n \hat{\rho}_r$:科氏加速度,如由渗流降雨等过程产生。

以上公式推导的详细过程可参见 Lei & Shi (2003)[114]。

3.1.4 离心模拟的相似比

土工离心试验相似比的基本原则是满足模型和原型应力的相似性。土体密度为 ρ 的模型在相当于 N 倍离心加速度的作用下,位于深度 h_m 处的土体竖向应力为

$$\sigma_{vm} = \rho N g h_m \qquad (3-4)$$

相应原型中的深度 h_p 土体的竖向应力为

$$\sigma_{vp} = \rho g h_p \qquad (3-5)$$

为了保证模型和原型应力相同,即

$$\sigma_{vm} = \sigma_{vp} \qquad (3-6)$$

则

$$h_m = h_p / N \qquad (3-7)$$

于是线性比尺为 $1:N$。由于位移与模型几何尺寸有相同的量纲,位移的比尺也为 $1:N$。应变作为无量纲量,比尺为 $1:1$。于是,模型土体与原型土体表现出相同的应力应变关系。如何确定相似比尺是离心模型试验正确模拟原型的关键。确定的方法一般有两种,依据控制方程进行量纲分析的方法和按力学相似规律分析方法。通常在确定相似比尺时,会同时应用两种方法[115],互相补充。基于以上两种方法并结合试验研究,离心试验常用的相似比尺[116]见表 3-2。

3.2 量纲分析

土与结构的相互作用问题非常复杂,单纯依靠严密的理论推导可能遇到无法解决的数学问题。量纲分析方法提供了对这种复杂问题进行定性分析的可能性。对于试验以及数值模拟地开展,可以提供有效地指导,节约大量的人力物力资源。

3.2.1 量纲分析基础

3.2.1.1 基本量与导出量

为了定性地描述物理量,特别是定性地给出导出量与基本量之间的关系,引入了量纲的概念。在不考虑数字因素时,表示一个量是由哪些基本量导出的及如何导出的式子,称为此量的量纲(或量纲式)。相应地,把具有独立性的、不能由其他量纲推导出来的量纲叫做基本量纲,把由基本量纲导出的量纲叫做诱导量纲。国际单位制(SI)中的 7 个基本物理量:长度、质量、时间、电流、热力学温度、物质的量、发光强度的量纲分别是 L,M,T,I,Θ,H 和 J。

表 3-2 离心试验常用的相似比尺[116]

试验参数		单位	相似比尺(模型/原型)
基本	加速度	m/s²	N
	线性尺寸	m	$1/N$
	应力	kPa	1
	应变	—	1
土体	密度	kg/m³	1
	颗粒	—	1
结构构件	轴力	N	$1/N^2$
	弯矩	N·m	$1/N^3$
	轴向刚度(EA)	N	$1/N^2$
	抗弯刚度(EI)	N·m²	$1/N^4$
固结问题	时间	s	$1/N^2$
渗流问题	渗透系数	m/s	N
	黏滞性系数	Pa·s	1
	时间	s	$1/N^2$

按照国家标准,物理量 Q 的量纲记为 dim Q。国际物理学界沿用的习惯标记为[Q],读作"Q 的量纲"。一个物理导出量的量纲可以用若干个基本量量纲乘方之积表示出来,如对某个力学量 Q 可以写出量纲式为$[Q]=L^a M^b T^c$。

3.2.1.2 量纲分析的依据

1. Buckinghan 定理-Π 定理

设物理现象中有 $Q_1,Q_2,\cdots,Q_n$ 等 n 个物理量,在所选取的单位制中基本量的数目为 m,它们是 $X_1,X_2,\cdots,X_m$,那么任一个物理量 Q 的量纲式可表示为

$$[Q]=X_1^{a1} X_2^{a2} \cdots X_m^{am} \tag{3-8}$$

对上式取对数,则有

$$\ln[Q]=a_1\ln X_1+a_2\ln X_2+\cdots+a_m\ln X_m \tag{3-9}$$

若 $\ln X_1,\ln X_2,\cdots,\ln X_m$ 是 m 维空间的"正交基矢",则 $a_1,a_2,\cdots,a_m$ 就是"矢量"$\ln[Q]$ 在基矢量上的投影,或者说是它的"分量"。所谓几个物理量的量纲独立,是指无法用它们幂次

的乘积组成量纲为 1 的量。用矢量语言表达,就是代表它们量纲的"矢量"线性无关。在 m 维的空间内最多有 m 个彼此线性无关的矢量。m 个矢量 a_{1j},a_{2j},…,$a_{mj}(j=1,2,…,m)$ 线性无关的条件是它们组成的行列式

$$\begin{bmatrix} a_{11} & a_{12} & \cdots & a_{1m} \\ a_{21} & a_{22} & \cdots & a_{2m} \\ \cdots & \cdots & \cdots & \cdots \\ a_{m1} & a_{m2} & \cdots & a_{mm} \end{bmatrix} \neq 0 \qquad (3-10)$$

Π 定理表述:设某物理问题涉及 n 个物理量(包括物理常量)Q_1,Q_2,…,Q_n,它们存在函数关系式 $f(Q_1,Q_2,…,Q_n)=0$。而我们所选取的单位制中有 m 个基本量 ($n>m$),则由此可组成 $n-m$ 个量纲为 1 的量 Π_1,Π_2,…,Π_{n-m}。在各物理量之间存在的函数关系式 $f(Q_1,Q_2,…,Q_n)=0$ 可表示成相应的量纲为 1 的形式 $F(\Pi_1,\Pi_2,…,\Pi_{n-m})=0$,或者把某个量纲为 1 的量(如 Π_1)显解出来,有 $\Pi_1=\psi(\Pi_2,…,\Pi_{n-m})$ 成立。在 $n=m$ 的情况下有两种可能:若量纲彼此独立,则不能由它们组成量纲为 1 的量;若不独立还可能组成量纲为 1 的量。

2. 相似定律

相似定律是许多物理实验的依据。该定律认为:两个同类的物理系统的量纲为 1 的量的 Π 值如果相同,则它们的物理状态亦相似。因此量纲为 1 的量的 Π 值相同的模型实验的结果可以用来推测原型。由于物理量成立的关系式是对基本(运动)方程进行数学运算得到的,所以关系式中出现的数值系数的数量级多为 1。因此,在几个量之间进行量纲分析时,如果根据实验结果所决定的系数值不是过大或过小,则可断定在这几个量之间可能存在相关性。

3.2.2 开挖卸荷对既有隧道影响问题的相关参数

一般说来,基坑开挖对既有隧道的影响问题包含几何参数以及物理参数两大类,其中几何参数有基坑尺寸、挡墙尺寸、支撑尺寸、隧道尺寸、隧道与基坑的相对距离等,物理参数包括土体的密度、劲度、颗粒级配、含水量,隧道的弯曲刚度、变形刚度,基坑挡墙的弯曲刚度、变形刚度,支撑的变形刚度等。

如图 3-3 所示的是基坑开挖对隧道影响这一问题涉及的相关具体几何参数。其中几何参数包括基坑开挖的长度(L),宽度(B),深度(H_e),地下连续墙深度(H),地下连续墙厚度(W),支撑间距(S),隧道直径(D),隧道埋深(C),隧道起拱线与基坑中心的距离(F)。土与结构的相互作用问题不可避免地涉及隧道刚度以及支挡系统的刚度问题。因此,相关参数还应包括隧道的弯曲刚度($E_T I_T$),轴向刚度($E_T A_T$),挡墙刚度($E_w I_w$)以及土体的劲度(G_s)。此外,还应考虑土体的密度(ρ),孔隙比(e),有效粘聚力(c'),有效内摩擦角(φ)和剪胀角(ψ)。岩土工程问题中,重力(g)的作用也是不可忽视的,也应该考虑。

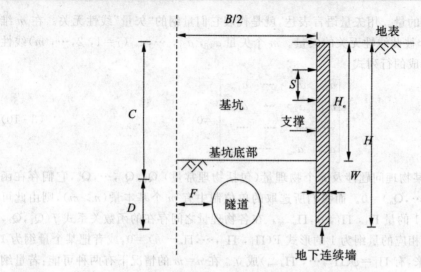

图 3-3 基坑开挖对隧道的影响问题所涉及的参数

3.2.3 量纲归一化

开挖卸荷引起应力变化,对既有隧道的影响包括附加应力(σ),应变(ε),变形(ΔD)和位移(u)等。这些隧道响应可以表示为

$$(\sigma,\varepsilon,\Delta D,u)=f\{B,L,H_e,H,S,w,F,C,D,E_w i_w,E_T I_T,E_T A_T,E_S,\rho,e,\varphi',\Psi,c',g\} \tag{3-11}$$

一般说来,力学问题的基本量纲有长度(L)、质量(M)、时间(T)等。考虑式(3-11)中各物理量的量纲:B,L,H_e,H,S,w,F,C,D 的量纲为 L;E_s,c' 的量纲为 M/LT^2;$E_w I_w$,$E_T I_T$,$E_T A_T$ 的量纲分别为 ML^2/T^2,ML^3/T^2,ML/T^2;ρ 的量纲为 M/L^3;g 的量纲为 M/T^2;量纲为 1 的量为 e,φ',Ψ。根据 Butterfield[117]的研究,在这 19 个变量中有四个主要变量,它们是 H_e,E_s,ρ,g。这四个变量中的任三个均可组成无量纲组。考虑土体密度和弹性模量的相关性,选择 H_e,E_s,ρ,g 作为新的基本变量,则其余 16 个变量以及所求变量 $\sigma,\varepsilon,\Delta D,u$ 的量纲方程可以写成无量纲形式。以基坑开挖长度为例,L 可以写成

$$L=(H_e)^{a_1}(E_s)^{a_2}(g)^{a_3} \tag{3-12}$$

相应的,量纲方程为

$$[L]=[L]^{a_1}[ML^{-1}T^{-2}]^{a_2}(LT^{-2})^{a_3} \tag{3-13}$$

由 M-L-T 对应相等,可得

$$\begin{aligned} 0&=a_2 \\ 1&=a_1-a_2+a_3, \\ 0&=-2a_2-2a_3 \end{aligned} \tag{3-14}$$

解方程得到

$$a_1=1,a_2=0,a_3=0 \tag{3-15}$$

最后得到量纲为 1 的量

$$\Pi_1=L/H_e \tag{3-16}$$

类似可得其他变量的量纲为1的形式。

另外,考虑每个变量的物理意义,隧道起拱处距基坑中心的距离 F 对基坑开挖宽度 B 进行归一,而不是 H_e,从而便于分析隧道与基坑的相对位置(F/B)的影响。习惯上采用隧道覆盖层厚度 C 与隧道直径 D 的比值(C/D)来分析隧道响应。综上所述,基坑开挖引起的应力释放对既有隧道的影响问题可以写成以下形式:

$$\left(\frac{\sigma}{E_s}, \varepsilon, \frac{\Delta D}{D}, \frac{u}{H_e}\right) = f\left\{\frac{B}{H_e}, \frac{L}{H_e}, \frac{L}{B}, \frac{w}{H_e}, \frac{S}{H_e}, \frac{F}{B}, \frac{C}{H_e}, \frac{C}{D}, \frac{E_w I_w}{E_s H_e^3}, \frac{E_T I_T}{E_s H_e^4}, \frac{E_T A_T}{E_s H_e^2}, \frac{\rho g H_e}{E_s}, e, \varphi', \Psi, \frac{c'}{E_s}\right\},$$
(3-17)

从上式可以看出,基坑开挖引起的应力释放对既有隧道的影响问题依赖于16个量纲为一的量。这些量包括基坑的几何尺寸$\left(\frac{B}{H_e}, \frac{L}{H_e}, \frac{L}{B}\right)$,隧道相对于基坑的位置$\left(\frac{F}{B}, \frac{C}{H_e}, \frac{C}{D}\right)$,支撑、挡墙的刚度$\left(\frac{w}{H_e}, \frac{S}{H_e}, \frac{E_w I_w}{E_s H_e^3}\right)$,隧道与土体的相对刚度$\left(\frac{E_T I_T}{E_s H_e^4}, \frac{E_T A_T}{E_s H_e^2}\right)$以及土体的类型$\left(\frac{\rho g H_e}{E_s}, e, \varphi, \Psi, \frac{c'}{E_s}\right)$。

通过以上量纲分析可以发现,基坑开挖尺寸,隧道与基坑的相对位置、支挡结构的刚度、隧道与土体的相对刚度以及土体的类型等因素对开挖引起的隧道变形都会产生影响。以上量纲分析提供了对这种复杂的土与结构相互作用问题进行定性分析的可能性。对于试验以及数值模拟地开展,可以提供有效地指导,节约大量的人力物力资源。

3.3 离心模型试验方案

土体的密度是土体最基本的性质之一。它决定于土体的孔隙比,显著影响着土体的劲度(土体的密度越大,劲度越大,从而影响着土体的应力应变关系),会随着荷载的变化而发生变化,从而对基坑开挖引起隧道变形产生一定的影响。此外,根据 Wang 等(2010)[88]的研究发现,支挡结构的刚度对土体水平位移影响很大。当隧道位于基坑周围时,如何采用合理的支挡结构刚度才能有效的减少开挖对隧道的影响,确保隧道能够正常运行是十分重要的岩土工程问题。可见,进一步加强离心模型试验研究势在必行。

本书离心模型试验研究的目的是通过模拟不同土体密度(ρ)、不同支挡结构刚度($E_w I_w$)下基坑开挖卸荷对既有地铁隧道的内力和变形影响,研究土体密度(ρ)、支挡结构刚度($E_w I_w$)在基坑开挖卸荷过程中地铁隧道的内力和变形机理,从而为提出隧道保护措施提供试验依据。

本次试验共分两组,第一组为 CD68 和 CD51,第二组分别为 SD69 和 SS70(模型布置见图 3-4~图 3-7)其中第一个字母 C 表示隧道位于基坑正下方,S 表示隧道位于基坑一侧;第二个字母表示挡墙的类型,D 代表地下连续墙,S 代表板桩墙;数字表示土体的相对密实度。第一组试验重点研究土体相对密实度变化时基坑开挖对坑底既有隧道的内力和变形影响。第二组实验重点研究挡墙刚度在基坑开挖对基坑一侧既有隧道的内力和变形影响。试验拟采用离心加速度值60g。必须指出,为了保持试验方案的完整性,本书列出了两组四个离心模型试验,其中试验 CD68 和 SD69 来源于论文 Ng 等(2013)[63]试验 C 和试验 S。离心试验方案见表3-3。

表 3-3 离心模型试验方案

试验组数	试验名称	相对密度	支挡结构类型	挡墙刚度	说明
第一组	CD68	68%	地下连续墙	$E_w I_w$	隧道平行基坑轴线位于正下方,研究土体密度的影响
	CD51	51%	地下连续墙	$E_w I_w$	
第二组	SD69	69%	地下连续墙	$E_w I_w$	隧道平行基坑轴线位于基坑一侧,研究支挡结构刚度的影响
	SS70	70%	钢板桩墙	$E_w I_w/32$	

3.3.1 第一组试验 CD68 和 CD51

本组实验中的两个试验区别仅在于所用土体密度的不同,其目的是研究土体的密度对基坑开挖卸荷引起隧道内力和变形的影响。试验方案拟采用的土体相对密实度是 70% 和 50%,由于试样制备结果分别是 68% 和 51%,因此采用 CD68 和 CD51 的表示方法(SD69 和 SS70 的表示方法原因相同)。

如图 3-4 所示的是第一组离心试验的平面布置图。拟设置的离心加速度值 60g。试验土体模型平面尺寸长 1 245 mm,宽 990 mm。基坑位于土体模型中部,长宽均为 300 mm。隧道直径 100 mm,长 1 200 mm,位于基坑中心正下方。

如图 3-5(a)(b)所示的分别是图 3-4 中的 A—A 截面以及 B—B 截面立面图。土体模型高 750 mm。基坑开挖深度以及支挡结构嵌入深度分别为 150 mm 和 75 mm,相当于原型尺寸 9 m 和 4.5 m。为了防止在离心机旋转过程中土体进入开挖区域,设置挡墙高出地面 30 mm。隧道埋置深度 200 mm(原型 12 m),隧道直径设计为 100 mm,所以隧道埋置深度与隧道直径之比 C/D 为 2。隧道顶部距离基坑底部的距离是 50 mm(0.5D)。隧道底部距离模型箱底部的距离是 450 mm(4.5D),即是隧道直径的 4.5 倍。基坑开挖采用重液法,分三步进行,即每步的开挖深度为 50 mm(原型尺寸 3 m)。

3.3.2 第二组试验 SD69 和 SS70

本组试验的目的是研究支挡结构的刚度对基坑开挖卸荷引起既有隧道内力和变形的影响。支挡结构类型分别采用地下连续墙以及钢板桩墙。拟设计地下连续墙刚度为钢板桩刚度的 30 倍左右。加工后的地下连续墙以及钢板桩墙厚度分别设计为 12.7 mm,厚度为 4 mm。通过计算得知,地下连续墙刚度约为钢板桩墙刚度的 32 倍。

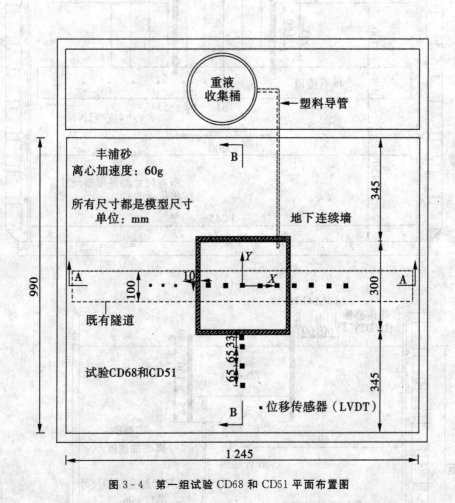

图 3-4 第一组试验 CD68 和 CD51 平面布置图

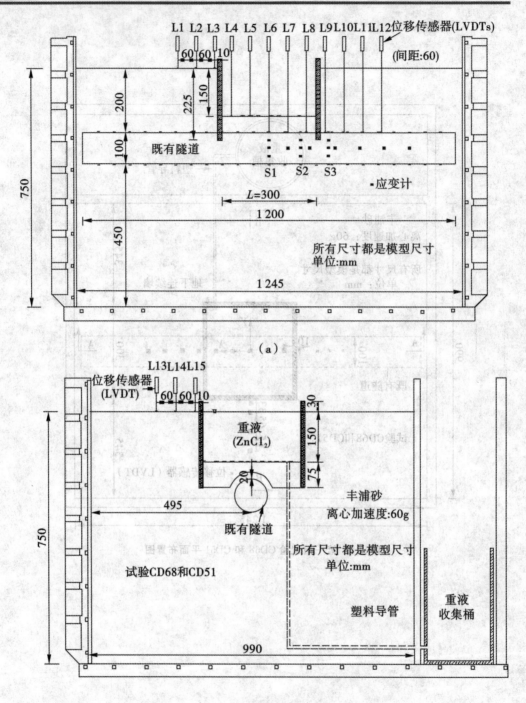

图 3-5 第一组试验 CD68 和 CD51 立面图
(a)A-A 截面;(b)B-B 截面

如图3-6所示的是第二组离心试验的平面布置图。拟设置的离心加速度值60g。试验土体模型平面尺寸长1 245 mm,宽990 mm。基坑位于土体模型中部,长宽均为300 mm。隧道直径100 mm,长1 200 mm,位于基坑一侧。隧道起拱线距支挡结构距离为25 mm,相当于原型尺寸1.5 m。

如图3-7(a)(b)所示的分别是图3-6中的A-A截面以及B-B截面立面图。土体模型高750 mm。基坑开挖深度以及支挡结构嵌入深度分别为150 mm和75 mm,相当于原型尺寸9 m和4.5 m。为了防止在离心机旋转过程中土体进入开挖区域,设置挡墙高出地面30 mm。隧道埋置深度200 mm(原型12 m),隧道直径设计为100 mm,所以隧道埋置深度与隧道直径之比C/D为2。隧道顶部距离基坑底部的距离是50 mm(0.5D)。隧道右侧起拱线与支挡结构净距25 mm,隧道左侧起拱线距模型箱左侧内壁207 mm。隧道底部距离模型箱底部的距离是450 mm(4.5D),即是隧道直径的4.5倍。基坑开挖采用重液法,分三步进行,即每步的开挖深度为50 mm(原型尺寸3 m)。

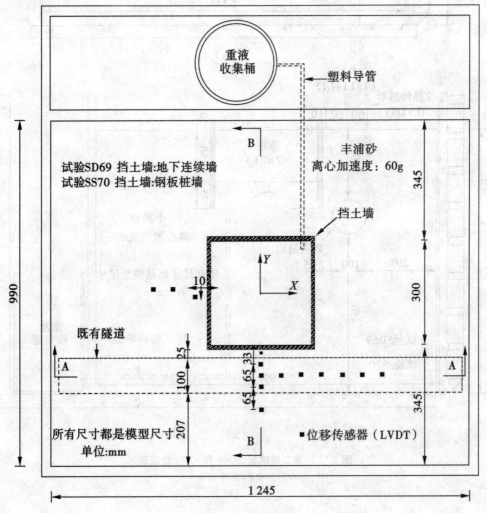

图3-6 第二组试验SD69和SS70平面布置图

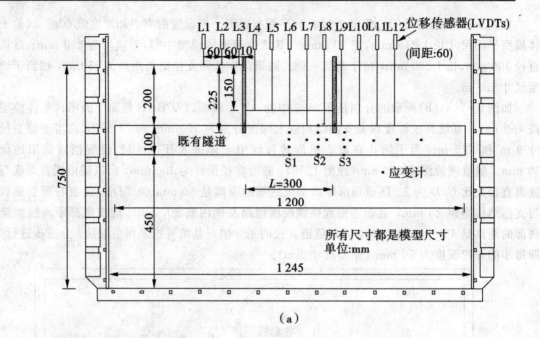

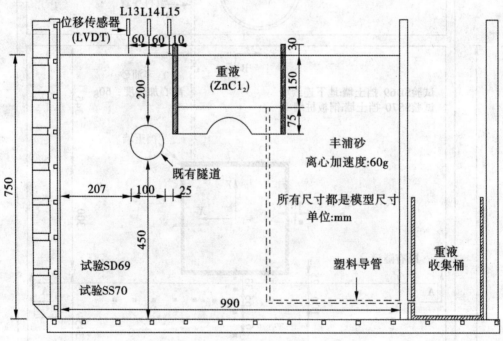

图 3-7 第二组试验 SD69 和 SS70 立面图
(a) A—A 截面;(b) B—B 截面

3.4 离心模型试验设计

3.4.1 离心机

本次试验是在香港科技大学土工离心机实验室完成的。该实验室成立于2001年,具有当时世界上最大的和最先进的离心机之一,容量为400 g-t,装备有世界首台双向液压振动台和先进的四轴机器人,并且拥有世界领先的数据采集和控制系统,可以在网络上实时查看试验数据并与试验操作者交流。

香港科技大学离心机如图3-8所示。离心机轴心处装备有一副锥形滚动轴承支撑的竖向驱动轴,以支撑离心机的转臂。滚动轴承由350马力的矢量控制式变速交流电机驱动,电动机与竖向驱动轴通过一个正交减速齿轮箱耦合。离心机名义旋转半径4.2 m。该离心机共有三个吊篮,其中两个静力吊篮,一个动力吊篮。每个静力吊篮可以适合尺寸达1.5 m×1.5 m×1.0 m 及重达40 kN 的模型应用。对于静力吊篮,最大离心加速度可大于150g,而动力吊篮的最大加速度为75g。

离心机采用矢量驱动来精确地控制交流电动机,以控制加速度、保持恒定的旋转速度或者加减速。离心机的旋转由远程计算机控制。其它具体性能、参数及应用详见 Ng 等(2001,2002)[118~119]的相关文献。

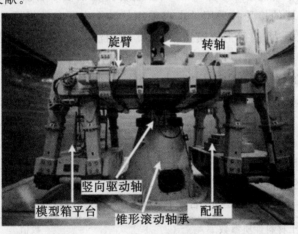

图3-8 香港科技大学离心机

3.4.2 模型箱尺寸

图3-9为本次试验选用模型箱装置图。模型箱尺寸长宽高:1 245 mm×990 mm×850 mm。由于离心加速度选用60g,根据表3-2中的相似比尺,可知该模型箱能够模拟的原型尺寸长宽高是74.7 m,59.4 m,和51.0 m。模型箱被隔离铝板分成两部分,一部分放置试验土体及相关模型,另一部分放置盛放重液的圆筒。为保证隔离铝板稳定,设置两道横撑。模

型箱侧壁采用刚度较大的铝合金制成，侧壁铝板为格栅形，最大厚度为 77 mm，最小厚度为 25 mm。这种格栅形的侧壁铝板能显著提高模型箱的整体刚度，减小离心机高速转动过程中模型箱的变形，进而降低由模型箱变形导致的试验土体力学性状的改变。

图 3-9　模型箱装置图

3.4.3　试验用土

试验土体采用日本丰浦砂（Toyoura Sand）制备。在很多学者研究的基础上[120~122]，其性质参数指标已经被广泛的接受并采用。本书采用的砂土主要参数指标见表 3-4。为保证模型中土体均匀，采用"砂雨法"制备土体模型。所谓"砂雨法"，就是将试验砂置于漏斗中，使砂子以一定的高度匀速洒入模型箱中，以保证上下土体具有相同的密实度，如图 3-10 所示。必须指出，本论文试验是在干砂试样中进行的，未考虑地下水的影响。

土工离心模型试验中，如果颗粒尺寸不满足相似关系，可能引起较大误差。为避免离心试验的粒径效应，需使结构模型尺寸与土颗粒平均粒径之比足够的大。Ovesen(1991)[123]指出，为避免粒径效应产生的试验误差，结构模型尺寸与土颗粒平均粒径的比值大于 30；Bolton 等 (1993)[124]通过研究得出这一比值不应小于 20。本次试验隧道管片的直径 100 mm 与土颗粒平均粒径 0.16 mm 的比值远大于以上推荐值，因此可以忽略粒径效应对试验结果的影响。

表 3-4　日本丰浦砂物理力学参数指标

砂土材料性质参数	数值
平均粒径 d_{50}/mm	0.17
不均匀系数 c_u	1.3
最大孔隙比 e_{max}	0.977
最小孔隙比 e_{min}	0.597
临界摩擦角 φ'	31°
土粒相对密度 G_s	2.65

图 3-10 "砂雨法"撒砂装置图

3.4.4 密度标定

由于本次试验的目的之一是分析不同密度的土体对基坑开挖引起隧道变形的影响。如何得到不同密度的土体是保证试验顺利进行以及减少试验工作量的关键。为了实现这一目标，在正式制样之前需要进行密度的标定工作。如图 3-11 所示，密度标定工作是采用一个较小的模型箱，分别以不同落距撒砂（即砂雨法）得到土体的不同密度。大量的标定结果表明，当漏斗落距为 20 cm 时，得到的相对密度的平均结果是 47%；而漏斗落距为 50 cm 时，得到的平均相对密度是 81%。试验的可重复性较好。考虑到试验结果的可重复性以及小模型箱和大模型箱的差异性，本次试验分别选取 20 cm 以及 50 cm 两种落距进行试样制备。

(a)

(b)

图 3-11 密度标定：漏斗落距
(a)20 cm；(b)50 cm

表 3-5 漏斗落距为 20 cm 时得到的相对密实度

校订模型箱和土重/kg	校订模型箱重/kg	土重/kg	校订模型箱体积/m³	密度 kg/m³	孔隙比	相对密实度,D_r
19.98	8.2	11.78	0.008	1 472.5	0.800	47%
19.93	8.2	11.73	0.008	1,466.3	0.807	45%
20.03	8.2	11.83	0.008	1 478.8	0.792	49%
20.01	8.2	11.81	0.008	1 476.3	0.795	48%
19.96	8.2	11.76	0.008	1 470.0	0.803	46%

表 3-6 漏斗落距为 50 cm 时得到的相对密实度

校订模型箱和土重/kg	校订模型箱重/kg	土重/kg	校订模型箱体积/m³	密度 kg/m³	孔隙比	相对密实度,D_r
20.38	7.76	12.62	0.008	1 577.5	0.679	78%
20.44	7.76	12.68	0.008	1 585.0	0.671	80%
20.47	7.76	12.71	0.008	1 588.8	0.667	81%
20.53	7.76	12.77	0.008	1 596.3	0.660	83%
20.53	7.76	12.77	0.008	1 596.3	0.660	83%

3.4.5 模型支挡结构设计

如图 3-12 所示,模型支挡结构采用铝合金制作,由四块铝板光滑拼接而成,其弹性模量 E_a 为 70 GPa,泊松比为 0.2。模型地下连续墙高 225 mm,厚 12.7 mm;模型钢板桩墙高 225 mm,厚 4 mm。根据相似比尺关系,假定实际采用的支挡结构体材料为混凝土,并假设混凝土弹性模量 E_{con} 为 35 MPa,则模型地下连续墙厚度对应原型的尺寸为 0.96 m,模型刚板桩墙厚度对应的原型尺寸为 0.03 m。地下连续墙弯曲刚度约为刚板桩墙刚度的 32 倍。

图 3-12 模型支挡结构

3.4.6 模型隧道制作

如图 3-13 所示,模型隧道采用铝合金制作,铝合金弹性模量(E_a)70 GPa,泊松比 0.2。隧道长 1 200 mm,外径为 100 mm,壁厚 3 mm。考虑到离心加速度为 60 g,根据比尺关系,原型尺寸分别为长 72 m,外径为 6 m 的隧道。模型隧道的弹性模量为 70 GPa,泊松比为 0.2。原型中隧道的管片厚度需依据隧道的弯矩比尺关系求得。隧道管片有两种受弯形式,一种为横向受弯,一种为纵向受弯,如图 3-14 所示。Taylor(1995)[125]指出,横向条件下,离心模型与原型中隧道管片厚度的弯矩相似比尺关系为

$$E_m I_m = N^{-3} E_p I_p \quad (3-18)$$

式中,N 为离心加速度与重力加速度的比值。E_m,I_m 分别表示离心模型隧道的弹性模量与横截面惯性矩;E_p,I_p 分别表示原型隧道管片的弹性模量与面惯性矩。横截面惯性矩可由下式求得:

$$I = \frac{1}{12} t^3 \quad (3-19)$$

式中,t 为隧道管片厚度。

纵向受弯条件下,离心模型与原型中隧道管片厚度的弯矩比尺关系为

$$E_m J_m = N^{-4} E_p J_p \quad (3-20)$$

式中,J_m,J_p 分别为离心模型与原型中隧道管片的纵截面惯性矩。纵截面惯性矩可由下式求得:

$$J = \frac{1}{4} [\pi R^4 - \pi (R-t)^4] \quad (3-21)$$

式中,R 为隧道管片的半径。

由此可见,隧道管片在横向与纵向受弯条件下其弯矩比尺关系并不相同。本次试验分别研究开挖对已建隧道横向截面和纵向截面内力和变形的影响,故选取式(3-18)和式(3-20)

的比尺关系计算原型中隧道管片的厚度。假设原型中混凝土弹性模量 E_{con} 为 35 GPa，考虑到离心加速度为 60g，根据计算，离心模型中厚度 3 mm 的铝管在纵向受弯条件下相当于原型中厚度为 420 mm 的混凝土管片，横向受弯条件下相当于原型中厚度为 230 mm 的混凝土管片。

3.4.7 模型量测

本次试验主要观测的物理量包括地表沉降、基坑坑底隆起、隧道横向变形、隧道纵向位移、隧道横向和纵向弯矩等。监测点布置图如图 3-4～图 3-7 所示。

3.4.7.1 地表沉降和基坑坑底隆起量测

位移量测采用接触式位移传感器（LVDT）。对于地表沉降，所有试验中沿平行隧道方向设置三个位移测点（编号 LVDTs1～3），沿垂直隧道方向也设置三个位移测点（编号 LVDTs13～15）。对于基坑坑底的隆起，试验 CD51 和 CD68 中沿平行隧道方向设置两个位移测点（编号 LVDTs4～5），而试验 SD69 和 SS70 中沿平行隧道方向设置三个位移测点（编号 LVDTs4～6）。

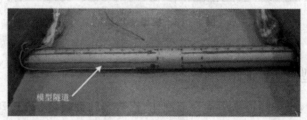

图 3-13 模型隧道

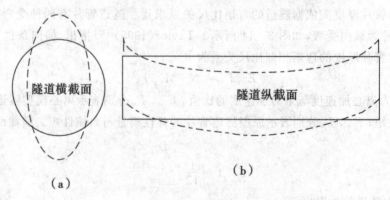

图 3-14 隧道横向与纵向受弯示意图
(a)隧道横向受弯；(b)隧道纵向受弯

3.4.7.2 隧道位移及变形量测

采用位移传感器来测量隧道的纵向位移，采用电位计来测量隧道的衬砌变形。共设一个横向测量截面（S1）和一个纵向测量截面，如图 3-4～图 3-7 及图 3-15 所示。由于对称性，仅在基坑中心一侧的隧道上进行测点布置。从基坑中心开始沿隧道纵向在其顶部共布置 7 个测点（编号 LVDTs 6～12），间距为 60 mm。由于隧道位于地面以下，不方便连接位移传感器。于是在隧道的测点上安装了延伸杆，如图 3-15 所示。为了测得隧道衬砌的横向变形，在 S1

截面处分别布置了4个电位计。通过电位计读数的变化,测得隧道横截面的衬砌变形。

3.4.7.3 隧道纵向和横向弯矩量测

采用半导体应变计来测量隧道的纵向弯矩,每个截面共设四个测点,如图3-15所示。在隧道的顶部和底部,共布置间距为50 mm的23组应变计,另外还有7组应变计布置在隧道的起拱处,间距为60 mm到80 mm。在隧道管片上下两面各贴两个应变片,形成全桥电路,以便抵消温度效应。采用泊式电阻应变计来测量隧道横向弯矩,共设置三个截面S1,S2,S3为测量截面。每个截面共设8个弯矩测点,沿截面周长平均分布,如图3-15所示。在隧道管片上下两面各贴两个应变片,形成全桥电路,使输出的电压值与管片上下表面的横向应变差成正比,就可以通过全桥电路输出电压值的变化来反映隧道的横向弯矩。

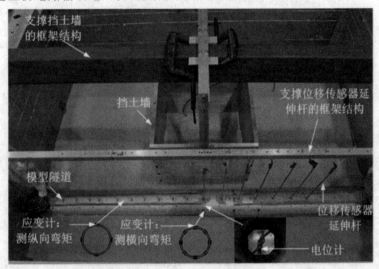

图3-15 测点布置图

3.4.8 开挖模拟系统

本试验采用"重液法"模拟基坑开挖卸荷,即通过液体的排放来模拟开挖过程,根据布置在重液中的孔压传感器读数来控制开挖深度。采用的重液为氯化锌溶液。通过调配,使之与砂土密度相等。根据基坑开挖的尺寸确定橡胶模的大小。预先制作好橡胶模,然后通过夹子将其固定在支挡结构内,随后将调配好的重液倒入橡胶薄膜内,如图3-16所示。控制倒入基坑的重液略高于地面,并注意安全。支挡结构内的重液通过设置排水阀的排水管与模型箱内的圆筒相连。在试验过程中可以通过电脑控制排水阀的开关。离心机启动前,检验重液是否可以顺利排出。将多余的重液排出后,控制重液面与地表面齐平。离心机启动过程中,保持排水阀关闭,墙内重液液面保持不变;模拟开挖时,将排水阀打开,重液将流入圆筒内。排水阀构造如图3-17所示。

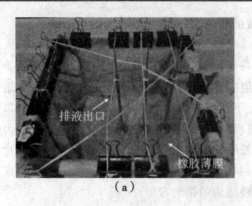
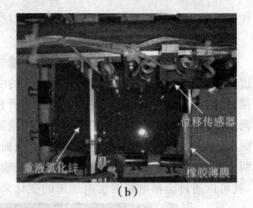

图 3-16 放置重液前后模型布置图
(a)放重液前;(b)放重液后

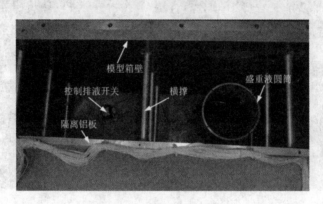

图 3-17 排放重液系统图

3.4.9 模型安装制备

在模型制备过程中,采用砂雨法制备试样。按每层 100 mm 进行撒砂。根据之前标定以及尝试制样结果,撒砂装置的出砂口和每层试样层底距离为 500 mm(试验 CD68,SD69,SS70 采用)和 200 mm(试验 CD51 采用)。撒砂完成后最终得到砂土的相对密度分别为 68%,69%,70% 和 51%(此处为模型制作完成前的相对密实度)。结果证明砂雨法试样制备具有可重复性和可控性。试样制备和安装步骤如图 3-18 所示。即首先清空模型箱,根据试样制备的要求选取出砂口落距进行撒砂;放置模型隧道,并在隧道上布置位移传感器测点;放置支挡结构;撒砂完成后放置橡皮膜;将模型箱放置在离心机上,固定绑扎后,在橡皮膜中倒入重液,模型制作完成。

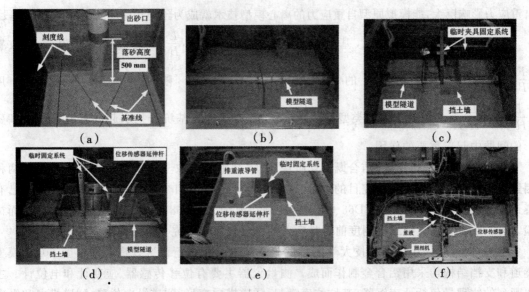

图 3-18 模型制备与安装

(a)砂雨法分层制作模型；(b)安装模型隧道；
(c)安装支挡结构；(d)通过延伸杆布置隧道位移测点；
(e)撒砂到规定高度；(f)模型制作完成

3.4.10 试验模拟进程

本次离心试验的模拟进程如下：

(1)在1g情况下制作模型，包括隧道管片测试元件的安装，支挡结构的安装，重液的制备，测量系统的布置。

(2)模型箱放置及离心机吊篮两侧配重的标定。

(3)认真检查模型各个连接环节，确保牢固稳定；完全清除离心机周围的杂物，保证安全和试验的顺利进行。逐步升高离心加速度至60g，根据位移监测值等待土体沉降稳定。

(4)根据孔隙水压力传感器量测的数据，通过将重液降到指定液面模拟第一次开挖。

(5)第二次开挖(方法与第一次开挖相同)。

(6)第三次开挖(方法与第一次开挖相同)。

(7)将离心机加速度逐渐降到1g，结束试验，取出数据。

3.5 本章小结

本章主要结合离心模型试验的原理，通过量纲分析确立了本次离心试验研究的目的，进而给出了离心模型试验的方案以及试验过程。综上所述，本章的内容概括如下：

(1)土工离心模型试验最基本的原理就是借助离心机的高速旋转为模型创造一个与原型应力水平相同的应力场，从而使原型的性状在模型中再现的一种物理模拟手段。由于岩土工程的自重应力影响巨大,能模拟原型自重应力的离心模型技术就成为预测和验证的不可替代的手段。

(2) 通过量纲分析发现,基坑的几何尺寸 $\left(\dfrac{B}{H_e}, \dfrac{L}{H_e}, \dfrac{L}{B}\right)$,隧道相对于基坑的位置 $\left(\dfrac{F}{B}, \dfrac{C}{H_e}, \dfrac{C}{D}\right)$,支撑、挡墙的刚度 $\left(\dfrac{w}{H_e}, \dfrac{S}{H_e}, \dfrac{H_w I_w}{H_s H_e^3}\right)$,隧道与土体的相对刚度 $\left(\dfrac{E_T I_T}{H_s H_e^4}, \dfrac{E_T A_T}{H_s H_e^2}\right)$ 以及土体的类型 $\left(\dfrac{\rho g H_e}{E_s}, e, \varphi, \Psi, \dfrac{c}{E_s}\right)$ 等在基坑开挖引起既有隧道内力和变形的问题中起着重要的作用。

(3) 根据量纲分析结果,结合既有文献综述,本文主要选取土体密度和支挡结构刚度两种因素进行研究。为了实现研究目的,本次试验共设计了两组四个试验来研究基坑开挖对已有隧道的影响。试验 CD51 和 CD68(相对密度分别为 51% 和 68%)用来研究密度的影响,而试验 SD69 和 SS70(支挡结构刚度前者是后者的 32 倍)用来研究支挡结构刚度的影响。

(4) 本次试验采用香港科技大学离心试验室的离心机进行研究。离心加速度 60g。模型隧道和支挡结构均采用铝合金制作而成。测量仪器主要有位移传感器、应变计和电位计。主要观测的物理量包括地表沉降、基坑坑底隆起、隧道横向变形、隧道纵向位移、隧道横向和纵向弯矩等。基坑开挖方式采用排出重液法模拟。

第 4 章 基坑开挖卸荷对隧道变形影响的三维数值模型建立

4.1 概 述

离心模型试验是一种有效的物理模拟方法。然而,鉴于试验条件和时间的限制,只能开展有限的离心试验研究。而且,通过有限的试验,也无法获得更多可靠的试验数据,如土体的应力和应变关系以及土压力分布等。数值模拟是一种方便而又有效的方法,可以快速有效地研究分析土与结构相互作用过程中的受力变形特性。

本章拟在离心模型试验的基础上,通过建立三维有限元模型来研究基坑开挖卸荷对隧道三维变形的影响。本章主要包括以下内容:首先,通过分析土体的基本特性,决定了数值模拟所采用的本构模型以及进行了参数选取等;其次,建立了有限元网格,设定了边界条件;最后,结合离心模型试验过程,给出了数值模拟过程。结果分析将在第 5 章和第 6 章给出。

本章有限元分析的类型包括以下三个方面:

(1)通过对离心模型试验的模拟,验证数值模拟方法的有效性,解释离心模型试验的现象,深刻理解土体的相对密实度以及支挡结构刚度对隧道位移和变形的影响,提高对其机理的理解。

(2)通过有限元参数分析,研究更多的土体密度和支挡结构刚度对隧道位移和变形的影响。掌握其变化规律,从而更好地应用于工程实践。

(3)通过有限元参数分析,研究基坑开挖尺寸对隧道变形影响的三维效应。在此基础上构建拟合公式,方便工程应用。

4.2 有限元软件

本章采用国际上最先进的有限元软件之一——Abaqus 软件[101]进行数值模拟。该模型提供了很多本构模型,如弹性和非线性弹性模型,Mohr-Coulomb 模型,修正的 Drucker-Prager

模型、修正剑桥模型等。同时，该软件还提供了丰富的单元类型，可以模拟很多岩土介质的力学性能。然而，以上本构模型都是内置模型，且无法模拟土体的小应变特性，考虑到 Abaqus 软件还提供了大量的用户子程序（User Subroutines）作为二次开发平台，用户可以根据自己的需要定义符合特定问题的模型。因此，本书选用 Abaqus 软件[101]进行数值模拟。

4.3 土体、隧道、支挡结构本构模型选择

土体最基本的性质是非弹性、非线性、应力路径依赖性和应变路径依赖性等。目前，描述土体这些力学性状的本构模型有很多。评价一个模型是否优越，关键在于是否能够较好地模拟土体的应力应变关系。基于很多学者的研究表明（相关学者见 4.3.1 节的参考文献），亚塑性模型能够较好地模拟颗粒材料的性质，其高级性主要表现在该模型能够准确的描述土体的应力应变依赖尤其是小应变依赖特性，对加载和卸载问题都能够进行合理的预测。因此，本书采用的土体本构模型是亚塑性模型。隧道以及支挡结构采用线弹性本构模型进行模拟。

4.3.1 亚塑性本构模型理论基础

亚塑性理论起源于理论力学，它以张量函数为工具，以热力学理论[126]为基础，抛弃了传统弹塑性理论中塑性势能、流动准则、硬化规律、屈服面和应变分解为弹性应变和塑性应变等概念，直接建立应力率与应变率之间的关系。由于客观应力率、应力和应变率均为二阶对称张量，因此客观应力率关于应力和应变率的函数就是两个对称张量的函数。此外，因二元对称张量函数有其严密的数学基础和完整的一般表达式，因此，该理论建立的本构关系可以用非常简捷的数学表达式表示出来，并能考虑应力路径的影响。该理论还覆盖了从密度较小到密度很大的范围，能够用于初始塑性变形或者完全发展的塑性变形。所以它比以试验结果为基础的传统弹塑性本构理论具有明显的优点。

亚塑性理论的基本方程首先由 Kolymbas(1991)[127]创立。该方程用一个简单的非线性张量函数来模拟材料的性能，其应力率由两项构成：一项跟应变率呈线性关系，另外一项跟应变率呈非线性关系，并通过应变率的范数体现出来。Lanier 等(2004)[128]严格证明了亚塑性本构方程的一般形式可以表述为

$$\dot{\boldsymbol{\sigma}} = \boldsymbol{L} : \boldsymbol{D} + \boldsymbol{N} ||\boldsymbol{D}|| \tag{4-1}$$

其中 $\boldsymbol{L}$ 和 $\boldsymbol{N}$ 分别是四阶和二阶张量函数，都是关于应力和孔隙比的函数，$\boldsymbol{D}$ 为应变率张量，且

$$\boldsymbol{L} = tr\boldsymbol{\sigma}(C_1 \boldsymbol{I} + C_2 \hat{\boldsymbol{\sigma}} \otimes \hat{\boldsymbol{\sigma}}) \tag{4-2}$$

$$\boldsymbol{N} = tr\boldsymbol{\sigma}(C_3 \hat{\boldsymbol{\sigma}} \cdot \hat{\boldsymbol{\sigma}} + C_4 \hat{\boldsymbol{\sigma}}^* \cdot \hat{\boldsymbol{\sigma}}^*) \tag{4-3}$$

$$||\boldsymbol{D}|| = \sqrt{tr\boldsymbol{D}^2} \tag{4-4}$$

$$\hat{\boldsymbol{\sigma}} = \boldsymbol{\sigma}/tr\boldsymbol{\sigma} \tag{4-5}$$

$$\hat{\boldsymbol{\sigma}}^* = \hat{\boldsymbol{\sigma}} - \frac{1}{3}\boldsymbol{I} \tag{4-6}$$

其中，$C_i(i=1,2,3,4)$ 为无量纲本构常数；σ 为应力张量；$\hat{\sigma}$ 为规范化应力张量；$\boldsymbol{I}$ 为单位向量；符号 · 和 ⊗ 分别表示点乘（向量内积）和叉乘（向量外积），$||\boldsymbol{D}|| = \sqrt{tr\boldsymbol{D}^2}$ 为欧几里得范数。

亚塑性模型发展过程中最重要的一步就是将临界状态土力学理论和亚塑性本构理论相结合。Gudehus (1996)[129]对式(4-1)进行了改进,使其能够考虑应力水平和密度的影响,从而能够刻画散粒体在不同应力水平和不同密度下的力学状态。改进后的本构方程如下:

$$\overset{\circ}{\boldsymbol{\sigma}} = f_s \boldsymbol{L} : \boldsymbol{D} + f_s f_d \boldsymbol{N} ||\boldsymbol{D}|| \quad (4-7)$$

其中

$$f_d = \left(\frac{e - e_d}{e_c - e_d}\right)^a \quad (4-8)$$

$$f_s = \frac{h_s}{n}\left(\frac{e_i}{e}\right)^\beta \left(\frac{1+e_i}{e_i}\right)\left(\frac{3p_s}{h_s}\right)^{1-n}\left[\frac{1}{3} + \frac{1}{a^2} - \frac{1}{a\sqrt{3}}\left(\frac{e_{i0} - e_{d0}}{e_{c0} - e_{d0}}\right)^a\right]^{-1} \quad (4-9)$$

式中,向密性因子 f_d 为一个仅与孔隙比有关的系数;刚度因子 f_s 主要取决于密实度情况;p_s 为平均应力;e_c、e_d 和 e_i 分别为临界孔隙比、下限孔隙比和上限孔隙比;e_{c0}、e_{d0} 和 e_{i0} 分别为平均应力 $p_s=0$ 时的临界孔隙比、下限孔隙比和上限孔隙比;颗粒硬度 h_s 是应力的量纲;指数 n 是常数;α 为无量纲正的常数,其值介于 0 和 1 之间;β 为略大于 1 的无量纲的参数;a 是仅与土的临界摩擦角有关的一个参数。

Bauer (1996)[130]对 Gudehus (1996)[129]提出的本构模型中的参数通过试验和数值手段进行了标定,研究结果表明,Gudehus - Bauer 本构模型能够显著地模拟颗粒体材料在较大压力范围、变形以及密实度下的力学性质。然而该模型无法恰当地模拟土体八面体的临界状态面形状。

于是,Von Wolffersdorff (1996)[131]在 Gudehus - Bauer 本构模型的基础上加入了 Matsuoka - Naka 准则,作为临界状态下的极限状态,从而可以较好地模拟颗粒材料的破坏过程。该临界状态面的形状仅由临界状态摩擦角 φ_c 控制。从以上分析可以发现,Von Wolffersdorff (1996)[131]改进后的本构模型需要 8 个本构参数,它们分别是:

(1) φ_c——临界状态摩擦角。

(2) h_s,n——控制孔隙比曲线形状(正常压缩曲线和临界状态线)的颗粒硬度和无量纲参数。

(3) e_{c0}、e_{d0} 和 e_{i0}——平均压力 $p_s=0$ 时的临界孔隙比、下限孔隙比和上限孔隙比。

(4) α——控制峰值摩擦角随密度变化的无量纲参数。

(5) β——控制土体劲度随密度变化的无量纲参数。

本文选择 Von Wolffersdorff (1996)[131]所提出的本构模型作为参考模型来模拟颗粒类土体的力学性状。

4.3.2 考虑土体小应变的亚塑性模型

很多学者研究发现,土体是应变依赖以及应力路径依赖的[132~135],如图 4-1~图 4-2 所示,应变很小时劲度很大,应变增大时,劲度减少;加载路径不同时,劲度随应变的变化也随之不同。正确模拟土体的应力路径依赖以及小应变特性是非常重要的。

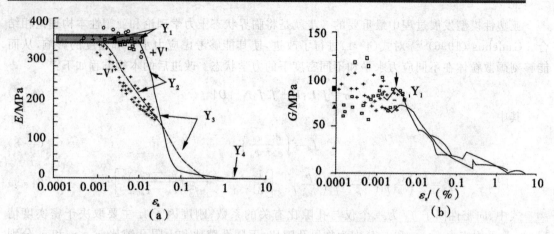

图 4-1　土体劲度的应变依赖性(Kuwano & Jardine,2007[132]；Gasparre,2005[133])
(a)Kuwano and jardine(2007);(b)Gasparre(2005)

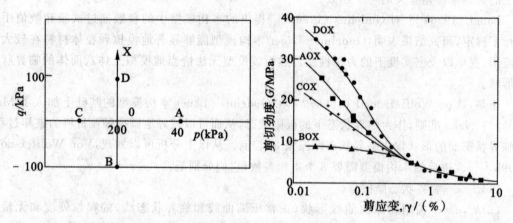

图 4-2　土体劲度的应力路径依赖性(Richardson,1988[134]；Atkinson 等,1990[135])

Von Wolffersdorff 亚塑性本构模型能够较好地模拟土体在单调荷载作用下从中应变到大应变时的变形特性,但对土体的小应变特性不能较好地模拟。而且,在循环荷载作用下,会产生荆棘(Ratcheting)现象,如图 4-3 所示。为了解决这些问题,Niemunis and Herle (1997)[136]提出"颗粒间应变概念(Intergranular Strain Concept)"改进了 Von Wolffersdorff 亚塑性本构模型,使之能够模拟土体的小应变特性。改进后的模型认为应变由颗粒界面间的变形和颗粒骨架的重组两部分组成。接触面间变形称为颗粒间应变 $\boldsymbol{\delta}$,即新引进的张量状态变化量(轴对称二阶张量)。$\boldsymbol{\delta}$ 可以表示为

$$\rho=\frac{||\boldsymbol{\delta}||}{R} \tag{4-10}$$

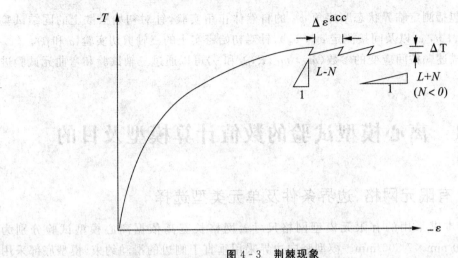

图4-3 荆棘现象

其方向可以表示为

$$\hat{\boldsymbol{\sigma}} = \begin{cases} \dfrac{\boldsymbol{\delta}}{||\boldsymbol{\delta}||}, & \boldsymbol{\delta} \neq 0 \\ 0, & \boldsymbol{\delta} \neq 0 \end{cases} \quad (4-11)$$

应力应变关系可以表示为

$$\dot{\boldsymbol{\sigma}} = \boldsymbol{M} : \boldsymbol{N} \quad (4-12)$$

其中,四阶应力张量 $\boldsymbol{M}$ 表示劲度,可以通过 $\boldsymbol{L}$ 和 $\boldsymbol{N}$ 计算得

$$\boldsymbol{M} = [\rho^\chi m_T + (1-\rho^\chi) m_R] f_s \boldsymbol{L} + \begin{cases} \rho^\chi (1-m_T) f_s \boldsymbol{L} : \hat{\boldsymbol{\delta}} \otimes \hat{\boldsymbol{\delta}} + \rho^\chi f_s f_d \boldsymbol{N} \hat{\boldsymbol{\delta}}, & \hat{\boldsymbol{\delta}} : \boldsymbol{D} > 0 \\ \rho^\chi (m_R - m_T) f_s \boldsymbol{L} : \hat{\boldsymbol{\delta}} \otimes \hat{\boldsymbol{\delta}}, & \hat{\boldsymbol{\delta}} : \boldsymbol{D} \leq 0 \end{cases} \quad (4-13)$$

颗粒间应变率可以表示为

$$\dot{\boldsymbol{\delta}} = \begin{cases} (\boldsymbol{I} - \hat{\boldsymbol{\delta}} \otimes \hat{\boldsymbol{\delta}} \rho_r^\beta) : \boldsymbol{D}, & \hat{\boldsymbol{\delta}} : \boldsymbol{D} > 0 \\ \boldsymbol{D}, & \hat{\boldsymbol{\delta}} : \boldsymbol{D} \leq 0 \end{cases} \quad (4-14)$$

可见,为了能够描述颗粒类土体的小应变特性,在 Von Wolffersdorff 亚塑性本构模型的基础上,还需要另外 5 个参数,它们分别是:

(1) m_R——控制初始加载及应变路径180°反转时的初始刚度的参数。

(2) m_T——控制应变路径90°反转时的初始刚度的参数。

(3) R——应变空间中弹性范围的大小。

(4) β_r 和 χ——控制刚度随应变变化速率的参数。

4.3.3 亚塑性模型参数及标定方法

通过以上分析得到了能够较好模拟土体小应变特性的改进 Von Wolffersdorff 亚塑性本构模型。该模型共需要8个基本土体参数(φ'_c, h_s, n, e_{d0}, e_{c0}, e_{i0}, α 和 β)以及5个描述颗粒间应变的参数(m_T, m_R, R, β_r 和 χ)。

Herle 和 Gudehus[137]通过一系列简单实验标定了 Von Wolffersdorff 亚塑性本构模型参

数。这些实验包括测定临界状态摩擦角 φ'_c 的自然休止角实验,针对初始松散土的固结试验(可直接测定 h_s,n,e_{i0} 以及间接测定 e_{d0},e_{c0}),针对初始密实土的三轴剪切实验(α 和 β)。

另外 5 个描述颗粒间应变的参数(m_T,m_R,R,β_r 和 χ)可以通过三轴试验和弯曲元试验进行标定。

4.4 离心模型试验的数值计算模型及目的

4.4.1 有限元网格、边界条件及单元类型选择

图 4-4 为本书采用的有限元模型网格尺寸。网格长宽高依据离心模型试验分别为 1 200 mm×990 mm×7 500 mm。模型竖向边界采用垂直于侧边的滑动约束,模型底部采用固定约束。保证模型侧边不发生水平变形,模型底部既不发生水平变形也不发生竖向变形。隧道底部距离模型底部 450 mm(即 4.5 倍的隧道直径);隧道中心距离模型左右边界分别为 495 mm(即 4.95 倍的隧道直径)。可见,模型边界尺寸足够大,可以忽略边界的影响。土体与支护结构采用八节点线性实体单元(C3D8)模拟;隧道采用壳体单元(S4)模拟。支挡结构与土体及隧道结构与土体之间采用 tie 接触,即结构物与土体在模拟过程中位移一致,不会出现结构与土体之间的相互滑动和位移。通过参数分析表明,采用以上方法计算速度快,模型容易收敛,计算结果较合理。

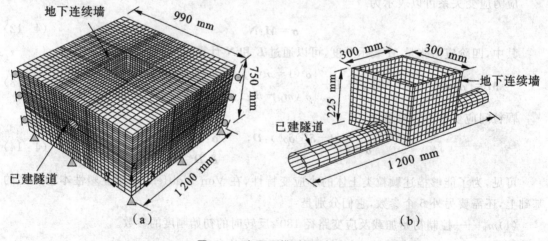

图 4-4 有限元模型网格尺寸
(a)Abaqus 有限元模型示意图;(b)隧道和地下连续墙

4.4.2 本构模型及模型参数

离心模型试验中,隧道和地下连续墙都由铝合金制作而成,可视为弹性材料,采用线弹性模型模拟,其弹性模量和泊松比分别为 70 GPa 和 0.2。由于离心模型试验采用的是日本丰浦砂,本构模型采用能够较好模拟砂土特性的亚塑性模型(Hypoplastic)。如前所述,该模型能

够较好地模拟土体的应力和应变依赖性。Von Wolffersdorff (1996)[131]针对散粒体材料提出的亚塑性模型需要8个材料参数(φ_c, h_s, n, e_{d0}, e_{c0}, e_{i0}, α 和 β),其物理意义见表4-1。根据对日本丰浦砂的大量试验研究,Herle & Gudehus (1999)[137]得到了材料参数(φ_c, h_s, n, e_{d0}, e_{c0}, e_{i0})的数值。参数α和β可以通过Maeda & Miura (1999)[138]的大量三轴试验结果标定获得。然而,这些参数还不能很好地模拟土体的应力和应变依赖性。为了能够模拟土体小应变特性还需要另外5个参数(m_T, m_R, R, β_r和κ)(Niemunis & Herle, 1997)[136],见表4-1。这5个参数可以通过标定日本丰浦砂的劲度-应变曲线(Yamashita et al. 2000[139])得到。

4.4.3 有限元模拟过程

有限元模拟进程与离心模型试验过程基本相同,不同点在于离心模型试验通过排出重液的方法模拟开挖,而有限元模拟采用逐步卸荷的方法模拟开挖。隧道及支挡结构采用"Wished in place"方法模拟,即假定在基坑开挖前隧道及支挡结构已存在。具体模拟进程如下:

首先,在1g条件下建立土体的初始应力场,水平土压力系数K_0取为0.5,隧道以及支挡结构中的初始应力与其周围土体的初始应力相同。对于离心模型试验中的重液,在有限元模拟中通过施加相等荷载的方式进行模拟($K_0=1$),即在基坑周围及底部分别施加荷载。

然后,逐步升高重力加速度,直到60g,在基坑周围及底部也相应地增大荷载。

最后,离心加速度达到60g并稳定一段时间后,逐渐减少基坑周围的荷载模拟开挖过程。开挖分三步完成,每步开挖3 m。

4.5 数值参数分析计算模型及目的

离心模型试验及其数值模拟中,主要研究两种不同土体相对密实度对位于基坑正下方的隧道变形的影响,两种不同支挡结构的刚度对位于支挡结构外侧隧道变形的影响。本节拟建立参数分析方案,研究更多不同土体相对密实度($D_r=30\%$, 50%, 70%, 90%)以及支挡结构刚度($E_w I_w=3.6$, 79, 616, 2520, 25200, 252000 MN·m)对隧道变形的影响,从而分析和掌握其变形规律,为工程设计和实践提供参考。相对密实度的取值30%, 50%, 70%, 90%涵盖了土体从松散到密实的几种情况,可以更全面地反映土体相对密实度的变化对隧道变形规律的影响。选取主要的50%和70%两种相对密实度是因为这两种密实度分别为中密和密实两种情况,可以代表地基土体的一般情况。另外,这两种情况的试样在试验中比较容易制备,而低于30%和高于70%的情况较难制备。

离心模型及其数值模拟采用固定的基坑开挖尺寸。然而,基坑尺寸是变化,本节选取几种不同的开挖深度($H_e=3, 6, 9, 12, 15$ m)、长度($L=18, 27, 36, 45, 54$ m)和宽度($B=9, 18, 27, 36, 45, 54$ m),通过数值模拟研究其变化规律及变形机理,为建立计算基坑开挖卸荷引起隧道位移简化公式提供基础,为工程设计和施工人员提供参考。

根据工程案例发现,隧道与基坑的相对距离较小值可为0.3 m[45]。选取较小的基坑与隧道相对位置可以从极端情况研究隧道的变形规律,从而为工程实践提供参考。根据大量的工程案例发现,盾构隧道的埋深一般在2倍的隧道直径以上,也有小于1倍隧道直径的情况。选取$C/D=1,2,3$作不同研究,可以基本代表工程实践存在的隧道埋深类型,也便于给出设计图表，方便工程应用。

在本节中，采用的本构模型，单元类型以及数值模拟过程都同 4-4 节。土体的相对密实度和支挡结构刚度分析中涉及的相关参数见表 4-2，基坑开挖尺寸分析涉及的参数见表 4-3，模型尺寸、隧道和支挡结构尺寸见图 4-5。

4.6　三种不同土体本构模型对隧道变形的预测能力研究

本书主要采用高级本构模型 Hypoplastic 模型来模拟土体。考虑到在工程实践中还存在着大量采用简单本构模型（如理想弹塑性模型）的情况。那么，简单的弹塑性本构模型（如 Mohr-Coulomb 模型）预测基坑开挖引起隧道变形的能力到底如何？能够考虑土体的应力以及应变路径依赖性的高级本构模型（如 Hypoplastic 模型）预测能力是否完全准确？不同本构模型对于同一问题的预测能力对比如何？工程师在工程设计和施工过程中如何选择正确的本构模型？本节拟通过对比三种不同预测能力的本构模型在基坑开挖引起隧道变形中的运用，分析不同本构模型的预测能力及其原因。本部分内容详见附录。

4.7　本章小结

本章结合离心模型试验，在分析的基础上，建立了本书主要采用的数值模拟方法，包括有限元软件，土体本构模型、参数选取，有限元网格及边界条件和模拟过程等。此外，还设计了本书的有限元分析的三种类型：①模拟离心模型试验，验证数值模拟方法的有效性；②通过有限元参数分析，研究土体相对密实度和支挡结构刚度对隧道变形规律影响及其机理；③通过有限元参数分析，研究隧道与基坑的相对位置，基坑开挖尺寸（长度、宽度以及深度）对隧道变形影响的三维影响。在此基础上，给出了离心模型试验的数值模拟方案以及参数分析方案。

表 4-1　亚塑性模型参数

临界摩擦角，φ_c	30°
颗粒硬度，h_s，控制 e-$\ln p$ 曲线的斜率/GPa	2.6
指数 n，控制 e-$\ln p$ 曲线的曲率	0.27
平均压力 $p_s=0$ 时的最小孔隙比，e_{d0}	0.61
平均压力 $p_s=0$ 时的临界孔隙比，e_{c0}	0.98
平均压力 $p_s=0$ 时的最大孔隙比，e_{i0}	1.10
指数 SH，反映峰值强度对相对密度的依赖性	0.14
指数 SH，反映土体刚度对相对密度的依赖性	3
控制初始加载及应变路径 180°反转时的初始刚度的参数，m_R	8

续表

控制应变路径 90°反转时的初始刚度的参数,m_T	4
应变空间中弹性范围的大小,R	$2×10^{-5}$
控制刚度随应变变化的减少率的参数 β_r	0.1
控制刚度随应变变化的减少速率的参数 χ	1.0
静止土压力系数 K_0	0.5

表 4-2 不同土体相对密实度和支挡结构刚度的影响

工况		土体相对密实度,$D_r/(\%)$	支挡结构刚度,$E_w I_w/(MN \cdot m)$	备注
隧道位于基坑正下方（数值 C 系列,$C/D=2$）	数值 CD30	30	2 520	
	数值 CD50	50	2 520	
	数值 CD70	70	2 520	
	数值 CD90	90	2 520	
	数值 C1S70	70	3.6	
	数值 CS70	70	79	
	数值 C2S70	70	616	
	数值 C3S70	70	25 200	基坑长度 L、宽度 B 和深度 H_0 分别为 18 m,18 m 和 9 m;隧道直径 $D=6$ m;土体的本构模型及参数同表 4-1
	数值 C4S70	70	252 000	
隧道位于基坑支挡结构外（数值 S 系列,$C/D=2$）	数值 SD30	30	2 520	
	数值 SD50	50	2 520	
	数值 SD70	70	2 520	
	数值 SD90	90	2 520	
	数值 S1S70	70	3.6	
	数值 SS70	70	79	
	数值 S2S70	70	616	
	数值 S3S70	70	25 200	
	数值 S4S70	70	252 000	
隧道位于基坑支挡结构外（数值 S 系列,$C/D=1$）	数值 SS30	30	79	
	数值 SS50	50	79	其他参数同上,基坑开挖深度分别为 3,6,9,12,15 m
	数值 SS70	70	79	
	数值 S1S70	70	616	
	数值 S2S70	70	2 520	

表 4-3　不同基坑开挖尺寸的影响

工况	基坑开挖深度，H_e/m	基坑开挖长度，L/m	基坑开挖宽度，B/m	备注
隧道位于基坑正下方 ($C/D=2$)	9	18	9,18,27,36,45,54	土体相对密实度 70%；隧道直径 $D=6$ m；支挡结构刚度 $E_w I_w = 2\,520$ MN·m 土体的本构模型及参数同表 4-1
	9	27	9,18,27,36,45,54	
	9	36	9,18,27,36,45,54	
	9	45	9,18,27,36,45,54	
	9	54	9,18,27,36,45,54	
隧道位于基坑正下方 ($C/D=3$)	3	18	18	
	6	18	18	
	9	18	18	
	12	18	18	
	15	18	18	
隧道位于基坑支挡结构外($C/D=1$)	3	18	18	土体相对密实度 70%；隧道直径 $D=6$ m；支挡结构刚度 $E_w I_w = 79$ MN·m 土体的本构模型及参数同表 4-1
	6	18	18	
	9	18	18	
	12	18	18	
	15	18	18	

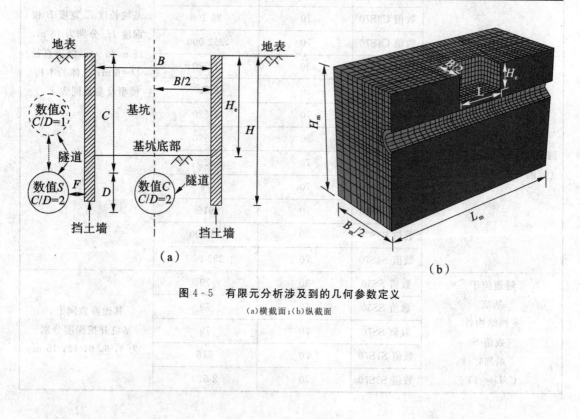

图 4-5　有限元分析涉及到的几何参数定义
(a)横截面；(b)纵截面

第5章 土体相对密实度和支挡结构刚度对隧道变形影响的离心试验及数值分析

5.1 概 述

由于土体类型的不同和它们本身固有的变形复杂性,很难理解和模拟土体的力学行为。即使对于同一种土,当密度大小、围压条件、加荷大小、排水条件等不同时,其力学行为也表现出不同的特性。土体的力学特性主要取决于两大因素,即内在因素和外在因素。内在因素主要有土体的物理特性,包括土体的颗粒组成、密度、硬度和形状。外在因素主要包括应力应变条件以及排水条件。在这些因素当中,土体的密度是最重要和最基本的因素之一。然而,在土与结构相互作用过程中,尤其是在基坑开挖卸荷引起已建隧道内力和变形的过程中,土体密度的影响尚不明确,作用机理尚不清楚。

此外,根据 Wang 等(2010)[88]对 300 个基坑开挖的案例分析结果发现,当支挡结构分别采用地下连续墙和钢板桩墙时,基坑开挖卸荷引起的平均最大水平位移分别为 1.5% H 和 0.27% H(H 为基坑开挖深度)。由此可见,支挡结构的刚度对引起土体水平位移的大小发挥着重要的作用。当有隧道位于基坑周围时,如何采用合理的支挡结构刚度才能有效的减少开挖对隧道的影响,确保隧道能够正常运行是十分重要的问题。

本章在前两章离心模型试验以及有限元模型建立的基础上,深入分析基坑开挖卸荷对隧道变形的影响,重点研究土体的相对密实度和基坑周围所用支挡结构的刚度对隧道位移和变形的影响机理。分析的内容主要包括基坑卸荷引起的地表沉降,坑底隆起,隧道的纵向位移,横向变形,纵向和横向弯矩及弯曲应变等。研究结果有助于深刻理解土体密度和挡墙刚度在基坑开挖卸荷过程中的作用,从而为提出隧道保护措施提供数据支撑。试验结果也可以为后续的数值模拟提供验证的依据。除了特别说明外,本章所给出的结果均为通过比尺换算后的原型结果。

本章的内容分为两大块：①通过已有的研究成果对比分析离心模型试验结果，验证离心模型试验结果的有效性，分析基坑开挖卸荷对位于基坑正下方及支挡结构外侧的隧道位移和变形规律；②对比分析离心模型试验结果及有限元模拟结果，验证有限元模拟方法的合理性，借助有限元分析土体的应力、应变关系解释试验结果，探讨土体密度和支挡结构刚度对隧道位移和变形分布规律的影响机理。

5.2 离心模型试验结果与分析

5.2.1 支挡结构后的地表沉降

图 5-1 为基坑开挖卸荷引起墙后土体的地表沉降。横坐标是距离地下连续墙的距离与基坑开挖深度的比值，纵坐标是地表沉降与基坑开挖深度的比值。A—A 截面沿着隧道纵向，B-B 截面沿着垂直隧道纵向的基坑中心截面。从图中可以看出，基坑周围的地表沉降形式为拱肩形沉降。最大地表沉降均位于紧靠地下连续墙后。地表沉降随着离支挡结构距离的增大而逐渐减小。基坑开挖完成后，试验 CD51 中，对于 A—A 截面，试验测得的最大地表沉降为 $0.15\% H_e$，最小地表沉降分别为 $0.02\% H_e$（位于 $1.27 H_e$ 处）；对于 B—B 截面，测得的最大地表沉降分别为 $0.14\% H_e$，最小地表沉降分别为 $0.03\% H_e$（位于 $1.27 H_e$ 处）。试验 SS70 中，对于 A—A 截面，测得的最大地表沉降 $1.25\% H_e$；对于 B—B 截面，测得的最大地表沉降为 $0.80\% H_e$。由于 $1.27 H_e$ 处的地表沉降量小于 $0.07\% H_e$，于是得出基坑开挖引起的地表沉降影响范围约为基坑开挖深度的 1.27 倍左右。

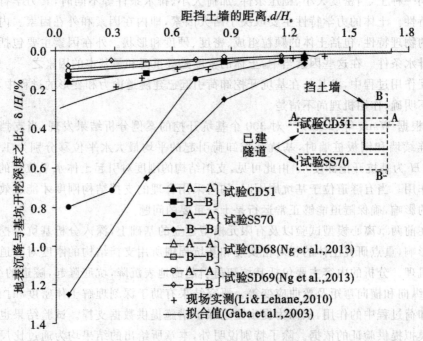

图 5-1 支挡结构后地表沉降

Ng 等(2013)[63]开展离心模型试验得到的地表沉降如图中的试验 CD68 和 SD69 所示,地表沉降最大值分别为 $0.09\% H_e$ 和 $0.10\% H_e$。与试验 CD51 得到的最大地表沉降 $0.15\% H_e$ 类似,远小于试验 SS70 得到的最大地表沉降 $1.25\% H_e$。表明支挡结构刚度对支挡结构后土体的地表沉降影响较大。四次离心模型试验得到的结果趋势一致,说明试验的重复性较好,本次离心模型试验的结果较合理。

Li & Lehane (2010)[140]通过现场试验研究了平面应变情况下支挡结构为悬臂式支挡结构时开挖对墙后天然土体地表沉降的影响。可见,现场试验得到的地表沉降都大于离心模型试验中支挡结构为地下连续墙的情况,但远小于支挡结构为钢板桩的情况。可能原因是,地下连续墙的刚度较大而钢板桩墙的刚度较小,而现场试验所用的悬臂式支挡结构的刚度介于二者之间。这再次表明支挡结构刚度对墙后地表沉降的影响较大。

Gaba 等(2003)[141]根据现场七组实测值拟合得到了如图 5-1 所示的地表沉降与墙后距离的经验关系。可以看出,该经验关系能够较保守地预测当支挡结构为地下连续墙时的地表沉降,然而却严重低估了支挡结构为钢板桩墙时的地表沉降。可见,在运用该经验关系的时候必须注意支挡结构的刚度情况,防止严重低估地表沉降值。

5.2.2 基坑坑底隆起

图 5-2 为基坑开挖卸荷引起的坑底隆起。横坐标是距离基坑中心的距离与基坑开挖长度一半的比值,纵坐标是基坑坑底隆起与基坑开挖深度的比值。从图中可以看出,基坑开挖卸荷引起坑底土体隆起,最大隆起值位于基坑底部,随着离基坑中心距离的增大,基坑隆起值逐渐减少。Ng 等(2013)[63]开展了离心模型试验研究了基坑开挖卸荷对坑底隆起的影响,如试验 CD68 和 SD69 所示,不同点在于土体的密度和刚度不同。对于试验 CD51 和试验 CD68,在距离基坑 $0.2L$ 处,二者测得的隆起值分别为 $0.094\% H_e$ 和 $0.093\% H_e$,在距离基坑中心$0.4L$处,二者测得的隆起值分别为 $0.087\% H_e$ 和 $0.077\% H_e$。基于本组试验结果,可以得出,当试验用土的相对密度增大时,基坑坑底隆起值变小。其原因是当土体的密度从 51% 增长到 68%时,虽然应力释放量增加了,但是土体的劲度也随之增加了,而且劲度增加量大于应力释放量。

对于试验 SD69 和 SS70,当支挡结构为地下连续墙(试验 SD69)时,坑底最大隆起值为$0.094\% H_e$;当为钢板桩墙时(试验 SS70),坑底最大隆起值为 $0.111\% H_e$。可以得出,当试验采用的支挡结构刚度减少了 32 倍时,坑底最大隆起值仅增加了 1.2 倍。由此可见,增大支挡结构刚度对基坑坑底隆起值的大小影响较小。原因在于,支挡结构刚度减少主要引起支挡结构后的水平土压力减少,其影响区域主要位于支挡结构后,对坑底土压力的变化影响较小。

综上所述,支挡结构刚度和土体的密度都会对基坑坑底的隆起产生影响,但变化都较小,四组试验测得的坑底隆起值大致相似。可见,坑底隆起值的大小主要取决于开挖卸荷量的大小。

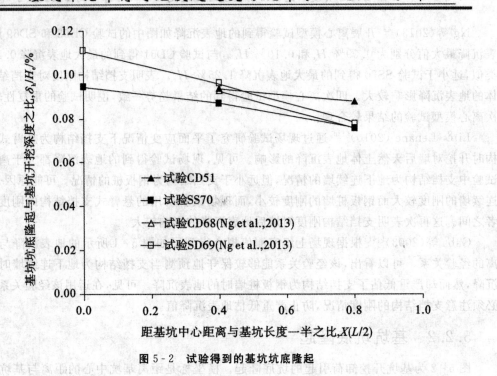

图 5-2 试验得到的基坑坑底隆起

5.2.3 隧道纵向位移

图 5-3 为隧道纵向隆起与离基坑中心距离之间的关系。横坐标是距离基坑中心的距离与基坑开挖长度一半的比值,纵坐标是隧道纵向位移与基坑开挖深度的比值。正值和负值分别表示隧道纵向的隆起和沉降。

当隧道位于基坑中心正下方时,开挖卸荷引起隧道隆起。最大隧道隆起发生于基坑中心处,隧道最大隆起值为 $0.09\%H_e$。随着离基坑中心距离的增大,隧道隆起值逐渐减少,到达 $1.2L$ 处,隧道隆起值为零。于是可以得出,开挖卸荷引起隧道隆起的影响范围为 1.2 倍的基坑开挖长度。

隧道最大转角(Rotation Angle of Tunnel)(两点沉降量与该两点之间距离之比)为 1∶1 428,位于支挡结构所在位置处。该值在隧道旋转角允许值(1∶1 000,WBTC 2002[34])范围内。当基坑开挖深度进一步增大时,隧道隆起最大旋转角可能会超过规范规定的限值,从而会在隧道中产生裂缝,引起破坏。因此,在工程实践中,需要重点加固该处的隧道,防止发生安全事故。

从图形分布可以看出,隧道隆起可以用高斯曲线来表示

$$u = u_{\max} e^{\frac{x^2}{2i^2}} \tag{5-1}$$

其中,u 为隧道竖向位移,$u_{\max}$ 为隧道竖向最大位移,i 为反弯点到隧道中心的距离。Ng 等(2013)[63] 开展的离心模型试验也得到了类似的曲线,如图中的试验 CD68 所示。如图 5-3(a)所示,高斯曲线能够较好地拟合隧道的隆起变形。拟合得到隧道隆起的最大值和反弯点,对于 CD51,$u_{\max}=8.0$ mm,$i=8.4$;对于 CD68,$u_{\max}=7.6$ mm,$i=7.9$。相关系数分别为

0.995 和 0.994。可以得出,当隧道位于基坑底部时,隧道隆起可用高斯曲线拟合,隧道隆起服从高斯分布。

Liu 等(2010)[38]通过现场试验研究了粉质黏土中基坑开挖卸荷对其下隧道的影响(基坑开挖深度 7.8 m),结果如图 5-3(a)所示。由于土质条件、场地条件、施工方式的不同以及监测手段的差异,隧道位移并不服从高斯分布,但在开挖卸荷导致隧道隆起的结论上是一致的。在工程实践中,考虑到存在着复杂的工程地质和水文地质条件以及采用了大量的工程加固措施,解析解答对隆起范围的判断与实测结果必然会有一定的误差。

离心模型试验 CD51 和试验 CD68 以及 Liu 等(2010)[38]的现场试验得到的隧道最大隆起值为分别为 7.8 mm,6.7 mm 和 6.3 mm。LTA(2000)[32]建议的隧道最大允许隆起值为 15 mm。可以看出,三者测得的隧道隆起值都在允许范围内。此外,还可以看出,解析解答较好地预测了隧道的最大隆起,但在距离基坑较远处高估了隧道的隆起,这是由于本书提出的解析解答无法考虑土体的小应变特性,从而高估了隧道的隆起(弹性模量的取值可参见 2.3.2 节)。

与隧道位于基坑正下方时隧道发生隆起的情况不同,当隧道位于基坑支挡结构外侧时,隧道顶部发生了沉降,这与 Ng 等(2013)[63]以及 Ge(2002)[142]得到的结论一致。隧道最大沉降位于基坑中心处,随着离基坑中心距离的增大,隧道沉降量逐渐减少。在离基坑中心 L 处,试验测得的隧道纵向沉降值很小(约为 $0.004\% H_e$)。可见,在本次离心模型试验的条件下,基坑开挖卸荷对位于其支挡结构外侧的隧道影响区域为 L 的范围。另外注意到,试验 SS70 得到的隧道最大沉降为 $0.018\% H_e$,远小于隧道位于基坑正下方时的隧道隆起。可以得出,当隧道位于基坑支挡结构外侧时,隧道的位移较小。原因可能:一方面,支挡结构的屏蔽作用减少了开挖卸荷对隧道的影响;另一方面,基坑开挖以竖向卸荷为主,而隧道埋深位于基坑底部标高以下,隧道位于支挡结构后主要变形土体区域外部。

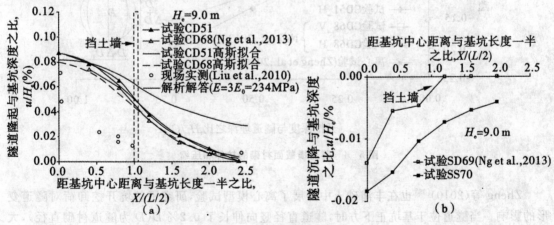

图 5-3 隧道顶部竖向位移
(a)隆起;(b)沉降

5.2.4 隧道横截面变形

图 5-4 为当隧道位于基坑底部时,隧道横截面衬砌变形与开挖卸荷比(H_{ec}/C)之间的关

系,其中 H_{ec} 为基坑当前的开挖深度,C 为隧道覆盖层厚度。正值和负值分别代表隧道直径的拉伸和压缩。从图中可以看出,随着基坑卸荷比的增加,隧道沿竖向顶部和底部逐渐拉伸,沿水平向左右起拱处逐渐压缩。隧道衬砌的压缩和伸长量分别与卸荷比近似呈线性关系。

基坑开挖完成后,试验 CD51 测得的隧道直径竖向最大伸长 0.166%,水平向最大压缩 0.203%。与 Ng 等(2013)[63]测得的隧道衬砌变形规律一致(如图中试验 CD68 结果所示)。根据 BTS(2000)[30]的隧道变形建议值(($\Delta D_v + \Delta D_H$)/D),隧道最大变形不超过 2%。可见,试验测得的隧道变形值均在允许值范围内。

从这两个试验可以看出,隧道直径竖向伸长量小于水平压缩量。其原因是基坑开挖卸荷,引起隧道顶部的应力大量释放,隧道直径竖向伸长,水平向压缩,位于隧道左右两侧的土体迅速挤压隧道,导致隧道直径水平向进一步被压缩,而位于隧道底部的土体,因受到隧道竖向伸长的挤压,劲度增大,阻止了隧道直径在底部的伸长,从而导致隧道直径竖向伸长量小于隧道直径水平向压缩量。

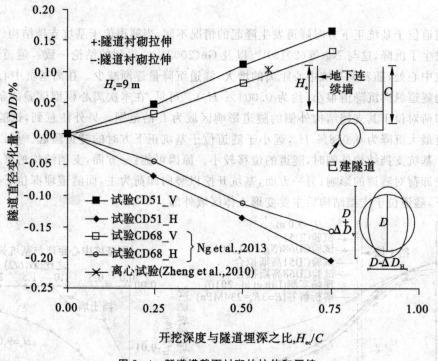

图 5-4 隧道横截面衬砌的拉伸和压缩

Zheng 等(2010)[75]也在丰浦砂土中开展了离心模型试验,研究了基坑开挖卸荷对隧道变形的影响。当隧道位于基坑正下方时,隧道直径竖向伸长了 0.2%D(D 为隧道衬砌直径),大于试验 CD68 测得的隧道衬砌变形,而小于试验 CD51 测得的结果,总体相差不大。说明本次离心模型试验结果较可靠。

当隧道位于基坑支挡结构一侧时,试验测得的隧道衬砌变形较小,基本可以忽略不计。原因可能是支挡结构刚度过大抵消了开挖卸荷对隧道变形的影响或者隧道位于支挡结构后主要变形土体区域外部。

5.2.5 隧道横截面弯矩及弯曲应变

图 5-5(a)为当隧道位于基坑正下方时基坑开挖卸荷引起隧道截面 S1,S2 处的附加弯矩分布图。附加弯矩以隧道外侧受拉、内侧受压为正,以内侧受拉、外侧受压为负。从图中可以看出,由于对称性,隧道横截面 S1 和 S2 处的隧道弯矩分布成对称性。隧道外侧顶部(Crown)、肩部(Shoulder)、腰部(Knee)以及底部(Invert)均受拉,隧道外侧起拱处(Springline)受压。最大正弯矩(40 kN·m/m)位于隧道顶部,而最大负弯矩(32 kN·m/m)位于隧道起拱处。隧道底部及隧道腰部的弯矩变化量均不超过 20 kN·m/m。试验 CD51 中,截面 S1 处的最大弯矩为 40 kN·m/m,截面 S2 处的最大弯矩为 35 kN·m/m,减少了 13%。而 Ng 等(2013)[63]开展的试验 CD68 中,截面 S1 处的最大弯矩为 33 kN·m/m,截面 S2 处的最大弯矩为 29 kN·m/m,减少了 12%。这两个试验的结果都表明,与位于基坑中心的隧道截面 S1 的弯矩相比,距离基坑中心的距离为 $0.33L$ 处 S2 的弯矩减少了 12%~13%,变化不大。位于隧道截面 S3 处基本没有测得附加弯矩。这表明,隧道横截面的附加弯矩主要发生于基坑开挖区域。假设原型中所用隧道的衬砌材料为 C35 混凝土,弹性模量为 35 GPa,屈服强度 $\sigma_c = 35$ MPa,根据相似比尺,换算出隧道原型的衬砌厚度 t 为 0.227 m。根据 $M_c = \sigma_c t^2/6$,求出隧道的极限弯矩 M_c 为 300 kN·m/m。由图 5-5(a)可以看出,隧道的最大附加弯矩占极限弯矩的比例为 13%,远小于极限弯矩值。

图 5-5(b)为当隧道位于基坑支挡结构外侧时基坑开挖卸荷引起隧道截面 S1,S2 处的附加弯矩分布图。附加弯矩以隧道外侧受拉、内侧受压为正,以内侧受拉、外侧受压为负。从图中可以看出,当隧道位于基坑一侧时,隧道横截面 S1 和 S2 处的隧道弯矩分布沿隧道右肩部(R-sh)和左腰部(L-kn)的连线近似成对称性。隧道外侧右肩部(R-sh)、左腰部(L-kn)、隧道底部(In)以及左侧起拱处(L-sp)均受拉,隧道顶部(Cr)、左肩部(L-sh)、右侧起拱处(R-sp)以及右腰部(R-kn)受压。最大正弯矩(26 kN·m/m)位于隧道右肩处,而最大负弯矩(-13 kN·m/m)位于隧道左肩和右腰处。隧道底部及隧道左侧起拱处的弯矩变化量较小,均不超过 10 kN·m/m。试验 SS70 中,截面 S1 处的最大弯矩为 26 kN·m/m,截面 S2 处的最大弯矩为 15 kN·m/m,减少了 42%。Ng 等(2013)[63]开展的试验 SD69 中,截面 S1 处的最大弯矩为 13 kN·m/m,截面 S2 处的最大弯矩为 9 kN·m/m,减少了 30%。这两个试验的结果都表明,与位于基坑中心的隧道截面 S1 的弯矩相比,距离基坑中心的距离为 $0.33L$ 处 S2 的弯矩减少了 30%~42%。根据之前求得的隧道的极限弯矩 M_c 为 300 kN·m/m,可以得出隧道的最大附加弯矩占极限弯矩的比例为 8.7%,远小于极限弯矩值。

根据测量得到的弯矩值,由下式

$$\varepsilon_T = \frac{M_T}{E_T I_T} y_T \tag{5-2}$$

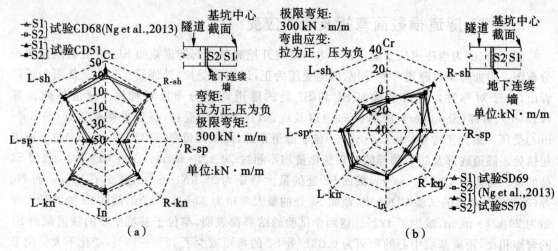

图 5-5　隧道横截面弯矩
(a) 试验 CD51；(b) 试验 SS70

可得隧道横截面的弯曲应变 ε_T，其中，M_T 为隧道横截面上的弯矩，E_T 为隧道衬砌的弹性模量，I_T 为隧道截面模量，$E_T I_T$ 为隧道截面惯性矩，y_T 为隧道截面弯曲中性面到隧道衬砌外侧的距离，此处即为隧道衬砌厚度 t 的一半。计算求得的弯曲应变如图 5-6 所示。从图 5-6 (a) 中可以看出，隧道弯曲应变分布类似弯矩分布图。弯曲应变呈对称分布，最大拉应变位于隧道顶部，最大压应变位于隧道起拱处。试验 CD68 以及试验 CD51 中得到的隧道截面最大弯曲应变为 110 $\mu\varepsilon$ 和 132 $\mu\varepsilon$，都小于极限弯曲应变 150 $\mu\varepsilon$（ACI224，2001[31]）。在工程实践中，当隧道位于基坑正下方时，应重点关注隧道的顶部、肩部以及起拱处的弯曲应变。可采取土体加固措施来减少开挖卸荷引起的附加弯曲应变，从而确保隧道的安全运行。

同样，当隧道位于基坑支挡结构外侧时，根据测量得到的弯矩值，由公式(5-2)可得隧道横截面的弯曲应变 ε_T。计算求得的弯曲应变如图 5-6(b) 所示。从图中可以看出，隧道弯曲应变分布类似弯矩分布图。弯曲应变沿隧道右肩部（R-sh）和左腰部（L-kn）的连线近似呈对称分布，最大拉应变位于隧道右肩部，最大压应变位于隧道右腰处。试验 SD69 以及试验 SS70 得到的隧道截面最大弯曲应变为 35 $\mu\varepsilon$ 和 69 $\mu\varepsilon$，都小于极限弯曲应变 150 $\mu\varepsilon$（ACI224，2001[31]）。在工程实践中，当隧道位于支挡结构一侧时，应重点关注靠近基坑开挖一侧的隧道的肩部及腰部的弯曲应变。

5.2.6　隧道纵向弯矩及弯曲应变

图 5-7 为基坑开挖卸荷对隧道纵向弯矩的影响。隧道纵向弯矩以隧道顶部受拉、底部受压为正，以顶部受压、底部受拉为负。从如图 5-7(a) 所示可以看出，当隧道位于基坑正下方时，隧道纵向弯矩沿基坑中心呈对称分布。隧道最大正弯矩位于基坑中心处，而最大负弯矩位于距离基坑中心 1.25 倍的基坑长度处。试验 CD51 得到的最大正弯矩和最大负弯矩分别为 22 359 kN·m 和 -6 959 kN·m。Ng 等 (2013)[63] 开展的试验 CD68 中测得的最大正弯矩和最大负弯矩分别为 25 677 kN·m 和 -6 280 kN·m。在这两个试验中，最大正弯矩都约为最大负弯矩的 4 倍左右。两次试验得到的弯曲应变分布大致类似，说明该离心模型试验重复性较好，可靠性较高，二者大小的不同在于所采用的土体密度不同，具体分析将在下一节详细

分析。

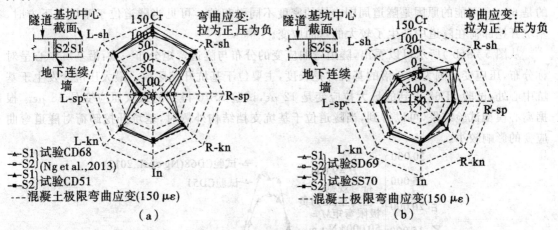

图 5-6 隧道横截面弯曲应变
(a) 试验 CD51；(b) 试验 SS70

根据 ACI224(2001)[31]，隧道所能承受的极限弯曲应变为 150 $\mu\varepsilon$。根据公式

$$\varepsilon_L = \frac{M_L}{E_L I_L} y_L \tag{5-3}$$

可以求得隧道纵向的极限弯矩。此处，M_L 为隧道的纵向弯矩，E_L 为隧道衬砌的弹性模量，I_L 为隧道纵向截面模量，$E_L I_L$ 为隧道纵向截面惯性矩，y_L 为隧道纵向截面弯曲中性面到隧道衬砌外侧的距离，此处即为隧道衬砌半径 R。代入相关数值，可以求出隧道的极限弯矩约为 50 000 kN·m。在试验 CD68 和 CD51 中开挖卸荷引起的隧道最大弯矩占极限弯矩的比例分别为 45% 和 51%。二者结果表明，开挖卸荷导致隧道纵向产生了较大的附加弯矩。

图 5-7(b) 是隧道位于基坑支挡结构外侧时所得到的隧道弯矩沿隧道纵向的分布图。隧道纵向弯矩以隧道衬砌外侧受拉、内侧受压为正，以外部受压、内部受拉为负。V 和 H 分别代表隧道竖向弯曲和横向弯曲。从图中可以看出，隧道纵向弯矩沿基坑中心呈对称分布。隧道最大负弯矩位于基坑中心处，而最大正弯矩位于距离基坑中心约一倍的基坑长度处。对于竖向弯曲，试验 SS70 得到的最大负弯矩绝对值 5 851 kN·m，最大正弯矩分别为 1 437 kN·m；对于横向弯曲，试验 SS70 得到的最大负弯矩绝对值 7 094 kN·m，最大正弯矩分别为 2 061 kN·m。Ng 等(2013)[63] 开展的试验 SD68 中测得的最大正弯矩和最大负弯矩都分别小于试验 SS70 测得的弯矩值。原因可能是支挡结构刚度的不同引起的，具体内容将在下一节中详细介绍。

根据 ACI224(2001)[31]，隧道所能承受的极限弯曲应变为 150 $\mu\varepsilon$。根据公式(5-3)可以求得隧道纵向的极限弯矩为 50 000 kN·m。在试验 SD68 和 SS70 中，开挖卸荷引起的隧道最大弯矩占极限弯矩的比例分别为 9% 和 14%。由此可见，即使支挡结构的刚度发生了较大的变化，开挖卸荷引起的隧道纵向附加弯矩变化并不大。

基于试验测得的弯矩，根据公式(5-3)可以推导出隧道纵向的弯曲应变，如图 5-8 所示。弯曲应变以拉应变为正，压应变为负。从如图 5-8(a)所示可以看出，隧道弯曲应变的分布与隧道弯矩分布一致：沿基坑中心呈对称分布，拉应变范围为 1.6 倍的基坑开挖长度，主要位于基坑开挖区域。最大拉应变发生于基坑中心处,试验 CD51 得到是 $79\ \mu\varepsilon$,大于试验 CD68 得到的是 $69\ \mu\varepsilon$,可能的原因是隧道周围土体的密度不同引起的。可见当隧道位于基坑正下方时,基坑开挖卸荷在隧道中产生了较大的弯曲应变。

从图 5-8(b)所示可以看出,隧道弯曲应变的分布与隧道弯矩分布一致:沿基坑中心呈对称分布,压应变范围为 1.6 倍的基坑开挖长度,主要位于基坑开挖区域。最大压应变发生于基坑中心处,试验 SD68 得到的最大拉应变是 $12\ \mu\varepsilon$,试验 SS70 得到的最大压应变是 $18\ \mu\varepsilon$。根据离心模型试验结果,可以得到,当隧道位于基坑支挡结构外侧时,基坑开挖卸荷对隧道弯曲应变的影响较小。

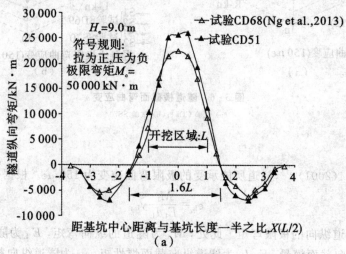

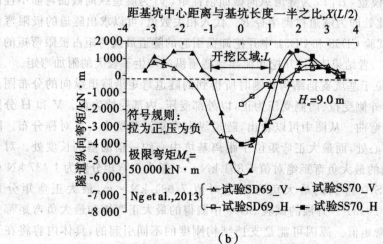

图 5-7 隧道纵向弯矩

(a) 试验 CD51;(b) 试验 SS70

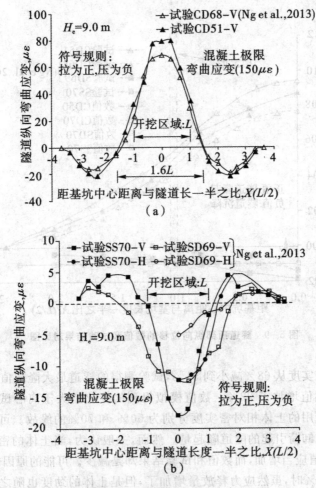

图 5-8 隧道纵向弯曲应变
(a) 试验 CD51;(b) 试验 SS70

5.3 离心模型试验的模拟与分析

5.3.1 隧道顶部纵向竖向位移

图 5-9 为数值分析和离心模型试验得到的隧道顶部沿纵向轴线方向的竖向位移对比图。在试验 CD68 中,因试验所用 LVDT 发生故障,故无法测得基坑中心处隧道顶部的隆起。从图中可以看出,当隧道位于基坑中心时(试验 CD68 和 CD51),隧道沿纵向隆起,最大隆起位于基坑中心处。随着离基坑中心距离的增大,隧道隆起值逐渐减少,到达 1.2L 处,隧道隆起值为零。于是可以得出,开挖卸荷引起隧道隆起的影响范围为 1.2 倍的基坑开挖长度。当土体的相对密实度为 51% 时,隧道最大隆起值为 $0.087\% H_e$;而当土体的相对密实度为 68% 时,隧道最大隆起值约为 $0.074\% H_e$。数值模型较好地模拟了离心试验的结果。

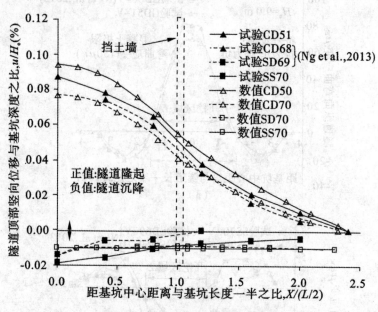

图 5-9　隧道顶部纵向位移的数值和试验结果对比图

随着土体相对密实度从 68% 减小到 51%，试验测得的隧道最大隆起值增加了 18%，数值模拟得到的隧道隆起值增加了 22%。数值模拟得到的变化量大于离心试验得到的变化量。这是由于数值模拟采用的土体相对密实度分别为 50% 和 70% 的缘故。可见，增大土体密实度可以减少基坑开挖卸荷引起的隧道隆起量。然而，一般认为，当土体的密实度增大时，应力释放增加，隧道隆起值应当增加，而数值和试验结果却是减少。可能的原因就是当土体的密实度从 51% 增长到 68% 时，虽然应力释放量增加了，但是土体的劲度也随之增加了，而且劲度增加量大于应力释放量。原因将在后面的有限元模拟中给出。

基坑开挖卸荷引起位于基坑底部的土体隆起，而位于支挡结构后的土体发生沉降。于是，当隧道位于支挡结构外侧时，隧道发生了沉降而不是隆起，如图 5-9 所示。采用地下连续墙时(试验 SD69)，试验测得的最大沉降为 0.014% H_e，挡墙后的沉降基本为零，沉降主要发生于基坑开挖区域；当采用钢板桩墙时(试验 SS70)，试验测得的最大沉降为 0.018% H_e，隧道沉降影响范围约增加了一倍，其大小为到基坑中心的距离为 L(基坑长度)。还可以得出，当钢板桩的刚度减少为地下连续墙的 1/32 时(从试验 SD68 到试验 SS70)，隧道最大位移仅增大了 29%。数值模拟结果也表明，当支挡结构的刚度增大时，隧道顶部的位移也随之减小。然而，数值模拟得到的隧道沉降比试验测得的较小，影响范围较大，这可能是因为所采用的本构模型无法模拟土体劲度的各向异性。

对比隧道位于基坑中心的情况(试验 CD68)可以看出，试验 SD69 得到的最大隧道位移约为试验 CD68 得到的隧道最大位移的 1/5。可以得出，当隧道位于基坑一侧时，基坑开挖卸荷对隧道的位移影响较小。原因可能：一方面，支挡结构的屏蔽作用减少了开挖卸荷对隧道的影响；另一方面，基坑开挖以竖向卸荷为主，而隧道埋深位于基坑底部标高以下，隧道位于支挡结构后主要变形土体区域外部。

5.3.2 隧道顶部和底部土体的竖向应力及劲度变化

为了深刻理解土体密实度对隧道纵向变形的影响机理,如图 5-10 所示给出了隧道纵向顶部和底部的竖向应力变化以及隧道顶部土体的剪切模量变化的数值模拟结果。数值模型 CD50 和 CD70 分别对应于试验 CD51 和试验 CD68。

图 5-10(a)是数值模拟得到的隧道纵向顶部和底部处土体的竖向应力变化值。正值和负值分别表示作用于隧道周围土体的应力增加和减少。可以看出,基坑开挖完成后,由于应力释放,位于隧道顶部的土体竖向应力大量减少,最大变化量约为 129 kPa。基坑开挖区内竖向应力变化量近似成均匀分布。由于应力集中,位于支挡结构底部的土体应力急剧增加,最大值约为 71 kPa。支挡结构后的土体应力变化量均较小,介于 20 kPa 以内。由于开挖卸荷导致土体应力的大量释放,隧道向上移动;而位于支挡结构后的土体由于开挖卸荷向坑内移动,墙后土体发生沉降,土体和支挡结构的相对移动产生的摩擦力阻止了墙后隧道的向上移动,从而引起隧道隆起。此外,还可以看出,位于隧道底部的土体应力沿隧道纵向是逐渐减少的。这是由于开挖卸荷导致隧道向上移动,从而减少了隧道底部和土体之间的接触压力,导致土体中的竖向应力减少。

基坑开挖完成后,位于基坑开挖区域的应力变化量均超过了 BD(2009)[33]所规定的应力变化允许值(即±20 kPa)。位于支挡结构后的隧道顶部的应力变化量在规定的允许值之内,而位于距基坑开挖中心的 0.4 L(L 为基坑开挖长度)距离内的隧道底部处的土体应力变化超出了允许值。注意到位于隧道顶部的土体应力大大超过了隧道底部处的土体应力(隧道顶部处应力约为底部的 5 倍),可以得出,隧道顶部处的应力对隧道纵向变形起到非常重要的作用。因此,图 5-10(b)仅对隧道顶部处的土体劲度变化进行分析。

图 5-10(b)是基坑开挖前及完成后,隧道顶部土体的割线剪切模量比(G_{CD50}/G_{CD70})沿隧道纵向的变化。通过提取土体中的偏应力(q)和剪应变(ε_s)即可得到隧道顶部土体的割线剪切模量($q/3\varepsilon_s$)。基坑开挖前,数值 CD50 得到的隧道顶部土体的剪切模量是数值 CD70 得到的 60%。基坑开挖完成后,数值 CD50 得到的隧道顶部土体的剪切模量是数值 CD70 得到的 53%。当土体的相对密实度从 70% 减小到 50% 时,基坑开挖前以及基坑开挖完成后,隧道顶部土体的剪切模量比变化范围为 53%~60%。然而,从图 5-10(a)可以看出,隧道顶部处土体的竖向应力变化较小,可以忽略。于是,隧道纵向隆起主要取决于隧道周围土体的劲度。密度越大,劲度越大,从而隧道隆起随着周围土体密度的增大而减少。当隧道周围土体的相对密实度从 51% 增加到 68% 时,隧道隆起减少了 22%。这表明,隧道周围土体的相对密实度对隧道隆起的影响虽没有对土体剪切模量的影响那样大(51%~60%),但也相当可观(22%)。增大隧道周围土体的密度是减少地铁隧道纵向隆起的有效手段。

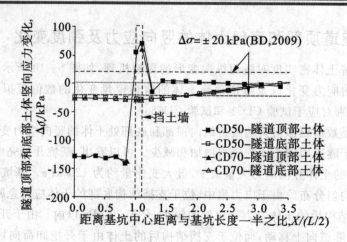

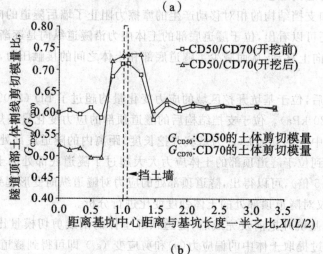

图 5-10 隧道纵向顶部和底部的竖向应力变化以及隧道顶部土体的剪切模量变化的数值模拟结果
(a)隧道顶部和底部土体竖向应力变化；(b)隧道顶部土体剪切模量变化

5.3.3 隧道与基坑周围土体的位移矢量图

为了更好地理解不同支挡结构刚度对隧道纵向变形的影响，图5-11给出了基坑开挖卸荷与隧道相互作用引起周围土体的位移矢量图。位移矢量图基于数值模型SD70和SS70结果，它们分别对应于试验SD69和试验SS70。从图中5-11(a)可以看出，当支挡结构采用地下连续墙时，基坑开挖完成后，基坑底部土体隆起。由于应力释放，导致支挡结构前后土体的受力不平衡，从而引起支挡结构后土体发生沉降。从图中可见，隧道周围土体除了隧道中轴线和腰部以外都发生了沉降，从而导致隧道纵向沉降。此外，还可以看出，隧道周围的土体位移大多朝向基坑开挖方向，这表明，隧道将向基坑开挖一侧弯曲。

支挡结构由地下连续墙变成刚板桩墙时(支挡结构刚度变成原来的1/32)，基坑和隧道周围土体发生了较大的变化，支挡结构后土体以及隧道周围土体的变形增大。此外，还可以看出，基坑坑底的隆起增大。这是由于，当支挡结构的刚度变小时，支挡结构水平变形增大，大量土体向基坑方向移动，从而导致坑底土体的隆起。可见，当支挡结构的刚度减少时，将导致位于支挡结构外的隧道的沉降增大,如图5-9所示。

从图5-11(a)中可以看出,当采用刚度较大的支挡结构时,位于支挡结构后任意位置处的土体位移变化都不大。可以推断,当隧道位于支挡结构后的任意位置时,基坑开挖卸荷对隧道位移的影响都不大。然而,在实际工程中,无限增大支挡结构的刚度是不可取的,采用既经济又非常有效的支挡结构刚度是必要的。这将在第6章参数分析中进行研究。此外,从图5-11(b)可以看出,即使采用较小的支挡结构刚度,由基坑开挖卸荷引起的隧道周围土体的变形较小,可以推断开挖卸荷引起的隧道变形也不大,如图5-9所示。然而这只是针对隧道位于支挡结构后基坑开挖底部这一特殊情况。从图5-11(b)中可见,位于支挡结构后基坑底部以上的区域,土体变形较大,可以推断位于该处的隧道变形也会较大。具体内容将在第6章参数分析中研究。

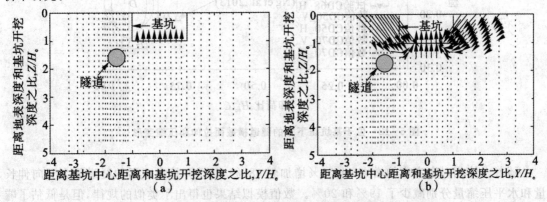

图5-11 不同支挡结构刚度时基坑与隧道周围土体位移矢量图
(a)支挡结构为地下连续墙(试验SD69);(b)支挡结构为刚板桩墙(试验SS70)

5.3.4 隧道横截面衬砌直径变化

图5-12对比了试验和数值得到的隧道横截面变形随着基坑开挖卸荷比的变化。卸荷比的定义为基坑开挖深度和隧道埋深的之比。纵坐标正值表示隧道直径拉伸,负值表示隧道直径压缩。从图中可以看出,基坑开挖卸荷,引起土体竖向应力的大量释放和水平向应力的少量释放,导致隧道竖向伸长,水平压缩。随着卸荷比的增大,隧道竖向直径逐渐伸长,水平直径逐渐压缩。基坑开挖完成后,试验CD51得到的隧道竖向伸长(ΔD_V)和水平压缩(ΔD_H)分别为0.16% D 和 0.20% D(D为隧道直径)。试验CD68得到的隧道竖向伸长(ΔD_V)和水平压缩(ΔD_H)分别为0.13% D 和 0.16% D。BTS(2000)[30]建议的隧道变形允许值(($\Delta D_V + \Delta D_H$)/2)为2%。可见,试验测得的隧道变形均在允许的变形值之内(最大变形为CD51测得的0.36%)。

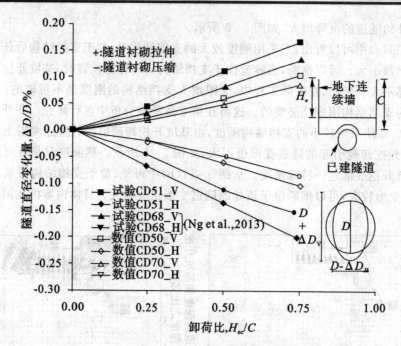

图 5-12 位于基坑正下方的隧道横截面拉伸和压缩变形

随着土体相对密实度的增大(从51%增加到68%),基坑开挖完成后的隧道最大竖向伸长量和水平压缩量分别减少了19%和20%。数值模拟结果也得出了类似的规律,但是低估了隧道横截面变形量。

为了进一步解释土体相对密实度对隧道横截面变形的影响,图5-13给出了隧道周围土体在离心加速度达到60g以及基坑开挖完成后两种不同土体密度对应的剪切模量比。试验CD51和试验CD68分别通过数值模型CD50和CD70进行分析。从图中可以看出,离心加速度达到60g后,试验CD51中的土体模量约为试验CD68中土体模量的0.60倍左右。基坑开挖完成后,当位于隧道起拱线以上的隧道周围土体,该比值变为0.53左右;当位于隧道起拱线以下时,最大值位于隧道起拱线和隧道腰部之间(0.69),最小值位于隧道底部(0.60)。可见,位于隧道周围的土体模量比均小于1。这表明,试验CD51中的土体模量从离心加速度达到60g到基坑开挖完成都小于试验CD68中土体模量。当土体的相对密实度从50%变化到70%时,应力释放量仅增加了4%,而土体模量却变成原来的60%。此外,当隧道顶部土体的应力释放后,隧道竖向伸长,水平压缩。较大的土体模量阻止了隧道的变形,而较小的土体模量则无法阻止隧道的变形。此外,当土体的密度较小时,基坑两侧的土体将会向基坑方向移动,进一步在水平方向挤压隧道导致变形增大。于是,隧道直径变形随着土体的相对密实度增大而减少。

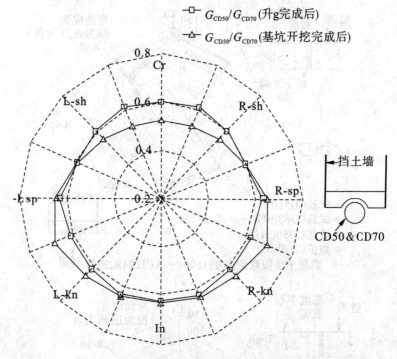

图 5-13　不同土体相对密实度时隧道横截面周围土体的剪切模量比

5.3.5　隧道横截面附加弯曲应变

图 5-14 为在不同土体密度和支挡结构刚度时隧道横截面弯曲应变的数值和试验结果对比图。正值和负值分别表示拉应变和压应变。由图 5-14(a)可以看出,当隧道位于基坑正下方时,由于应力释放的对称性,隧道弯曲应变分布呈对称分布;拉应变位于隧道顶部,肩部,腰部和底部,对应于隧道衬砌拉伸的位置(见图 5-12);压应变位于隧道起拱线处,对应于隧道直径压缩的位置(见图 5-12)。最大拉应变位于隧道顶部,最大压应变位于隧道起拱处。基坑开挖完成后,试验得到的隧道截面最大弯曲拉应变为 132 $\mu\varepsilon$。ACI224[31] (2001)规定的隧道极限弯曲应变为 150 $\mu\varepsilon$。可见,当开挖前隧道中已有的弯曲应变不超过 18 $\mu\varepsilon$ 时,试验测得弯曲应变都在规定的应变以内,否则隧道将产生裂缝,导致破坏。

试验和数值模拟结果都表明,位于隧道顶部的拉应变远大于位于隧道底部的拉应变。这是由于位于隧道顶部的应力释放量远大于位于基坑底部的应力释放量,如图 5-10 所示。结果表明,在隧道横截面中,隧道顶部比隧道底部更容易产生破坏。基坑开挖完成后,试验 CD68 以及试验 CD51 中得到的隧道截面外侧最大弯曲拉应变分别为 108 $\mu\varepsilon$ 和 132 $\mu\varepsilon$。当土体的相对密实度从 68% 减少到 51% 时,试验测得最大弯曲应变增大了 22%。可见,增大土体的密度可以有效地减少弯曲应变。数值模拟结果也进一步验证了试验结果。隧道横截面弯曲应变的变化与隧道直径的拉伸一致。这是由于当土体较松散时对隧道变形的阻碍作用较小,从而引起较大的弯曲应变变化。

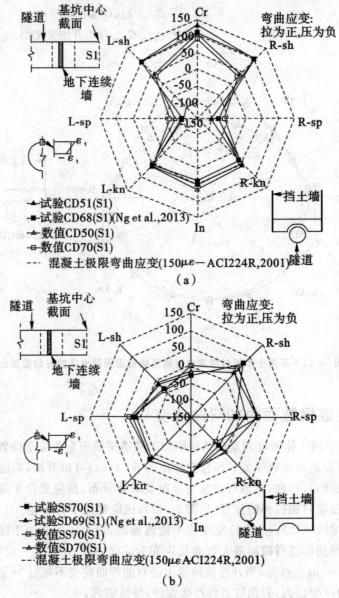

图 5-14 隧道横截面弯曲应变的数值和试验结果对比
(a)不同土体相对密实度;(b)不同支挡结构刚度

与隧道横截面变形类似,整体来看,数值模拟结果较好地模拟了隧道横截面弯曲应变的分布,但低估了弯曲应变的大小。这可能是由于在数值模拟中没有较好地考虑土与隧道之间的摩擦引起的。

图 5-14(b)为不同支挡结构刚度时隧道横截面弯曲应变的数值和试验结果对比图(基于试验结果 SD69 和 SS70)。从图中可以看出,与位于基坑正下方的隧道弯曲应变分布不同,位于基坑一侧的隧道弯曲应变分布形状向基坑开挖方向发生了扭曲。最大拉应变位于靠近基坑开挖卸荷方向的隧道右肩部。对比图 5-14(a)和图 5-14(b)可以看出,位于基坑底部正下方下的隧道横截面最大拉应变($132\ \mu\varepsilon$)是位于支挡结构外侧的隧道横截面最大拉应变($69\ \mu\varepsilon$)的 2 倍。基坑

开挖完成后,试验 SD69 和试验 SS70 得到的最大拉应变分别为 34 $\mu\varepsilon$ 和 69 $\mu\varepsilon$。可见,当支挡结构由地下连续墙换成钢板桩墙后,隧道横截面最大拉应变增大了 2 倍。这是由于当支挡结构刚度减少时,隧道周围土体应力发生了较大的变化,从而在隧道中产生了较大的弯曲应变。

5.3.6 隧道衬砌周围土压力

分析隧道周围土体的土压力分布有助于进一步理解隧道变形规律。图 5-15 反映的是基坑开挖后隧道横截面土压力的变化。隧道横截面选取的是位于基坑开挖中心的截面 S1,如图 5-15 所示。对于位于基坑正下方的隧道,由于对称性,隧道周围土压力成对称分布。隧道起拱线以上土体的应力释放量大于隧道起拱线以下土体的应力释放量。隧道周围土体竖向的应力释放量大于水平方向的应力释放量。从而导致隧道直径竖向拉伸,水平压缩,如图 5-12 所示。相应地,隧道顶部和底部产生拉应变,隧道起拱线处产生压应变,如图 5-14(a) 所示。从图 5-15 还可以看出,隧道顶部土体的土压力大于隧道底部的压力。于是,隧道顶部产生的拉应变大于隧道底部的拉应变,如图 5-14(a) 所示。当隧道衬砌周围土体的相对密实度从 68% 减少到 51% 时,作用在衬砌上的土压力变化很小(不超过 1%),而隧道周围的弯曲应变增大了 22%。这是因为当土体的密度变小时,土体的劲度也随之减少,如图 5-10 所示。土体的劲度越小,抵抗隧道变形的能力越弱,从而导致隧道衬砌变形增大,弯曲应变增大。可见,加固隧道周围土体可以有效地减少隧道横截面变形和弯曲应变。

当隧道位于支挡结构外侧时,隧道周围土的土压力变化是不对称的。最大应力位于靠近基坑开挖一侧的隧道肩部和隧道起拱线处。可见,隧道将向基坑方向变形,如图 5-14(b) 所示。注意到当采用钢板桩墙时(数值 SS70)的隧道周围土体应力释放量大于采用地下连续墙的情况(数值 SD70)。可见,当支挡结构的刚度减少时,隧道周围土体的应力释放量增加,从而引起较大的弯曲应变,如图 5-14(b) 所示。

BD(2009)[33] 规定隧道承受的压力变化范围为 ±20 kPa。从图 5-15(a) 可以看出,当隧道位于基坑中心正下方时,除隧道底部外,隧道周围其它部分的压力都超过了规范允许值。而当隧道位于支挡结构外侧时,仅隧道肩部和起拱线处的压力超过了规定值。

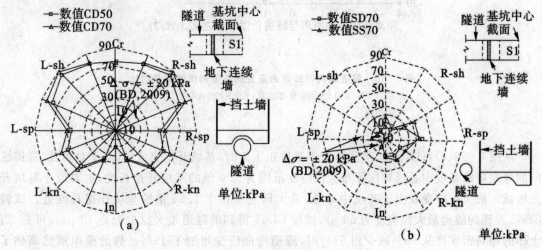

图 5-15 隧道横截面土压力的变化
(a)不同土体相对密实度;(b)不同支挡结构刚度

5.3.7 隧道纵向附加弯曲应变

图 5-16 是数值和试验得到的不同密度(见图 5-16(a))和不同支挡结构刚度(见图 5-16(b))情况时的隧道纵向弯曲应变分布图。正值表示拉应变即隧道顶部外侧受拉，内侧受压；负值表示压应变即隧道顶部外侧受压，内侧受拉。

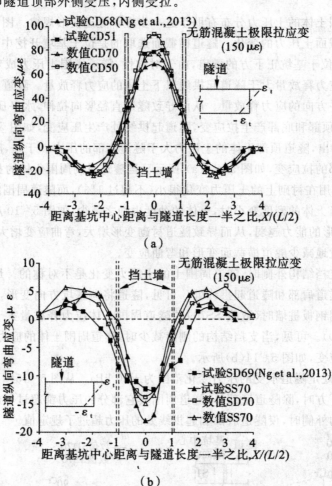

图 5-16　隧道纵向附加弯曲应变的数值和试验结果对比
(a)不同土体相对密实度；(b)不同支挡结构刚度

从图 5-16(a)可以看出，当隧道位于基坑正下方时，基坑开挖完成后，由于对称性，隧道纵向的弯曲应沿基坑中心成对称分布。拉应变范围为 1.6 倍的基坑开挖长度，主要位于基坑开挖区域。最大拉应变发生于基坑中心处，最大压应变位于 1.25 倍的基坑开挖长度处。试验 CD68 得到的隧道最大拉应变为 69 $\mu\varepsilon$，试验 CD51 得到的隧道最大拉应力是 79 $\mu\varepsilon$。可见，当土体的相对密实度从 68% 减少到 51% 时，隧道弯曲应变增加了 15%。数值模拟虽然高估了隧道基坑中心处的弯曲拉应变，但也得到了类似的结论。这与土体密度对隧道纵向位移的影响是一致的。数值模拟和离心模型试验结果都表明，增大土体密度可以有效减少隧道的弯曲应变。这是由于土体密度的增大,土体的劲度越大,抵抗弯曲变形的能力较大,而土体的应力释放量变化较小(见图 5-10),从而引起了较小的变形和相应的弯曲应变。

图 5-16(b)反映的是当隧道位于支挡结构外侧时不同支挡结构刚度对隧道变形的影响。从图中可以看出,隧道底部受拉,顶部受压。这与隧道变形一致,如图 5-9 所示。隧道底部处的最大拉应变位于基坑开挖中心处,最大压应变位于 1.25 倍的基坑开挖长度处。当采用的支挡结构分别是地下连续墙和刚板桩墙时(即支挡结构刚度减少为原来的 1/32 时),隧道纵截面产生的最大拉应变分别为 12 $\mu\varepsilon$ 和 18 $\mu\varepsilon$。可见,当支挡结构刚度增大 32 倍时,最大拉应变减少了 33%。增大支挡结构刚度可以减少隧道纵截面产生的弯曲应变。数值模拟结果也证明了这一点。这是由于,较大的支挡结构刚度限制了土体的位移,从而在隧道中产生了较小的弯曲应变。

然而,通过对比位于基坑正下方和基坑外侧的两组离心模型试验发现,后者得到的隧道横向和纵向的最大拉应变是前者的 23% 和 53%。可见,隧道和基坑的相对位置对试验结果的影响较大。此外,其他情况下的土体密度和支挡结构刚度也会对隧道变形产生影响,因此,有必要通过参数分析进行进一步的分析,研究其影响规律,进而指导工程实践。

5.4 本章小结

本章首先分析了离心模型试验结果,并在离心模型试验和数值模拟结果对比的基础上,研究探讨了土体相对密实度和支挡结构刚度对隧道的影响,分析了对隧道变形的影响机理。通过研究,得到以下结论:

(1) 基坑开挖卸荷引起基坑周围地表沉降,沉降形式为拱肩形。最大地表沉降量均位于紧靠地下连续墙后。地表沉降随着离支挡结构距离的增大而逐渐减小。基坑开挖引起的地表沉降影响范围约为基坑开挖深度的 1.3 倍左右。支挡结构刚度对支挡结构后土体的地表沉降影响较大。

(2) 基坑开挖卸荷引起坑底土体隆起,最大隆起值位于基坑底部,随着离基坑中心距离的增大,基坑隆起值逐渐减小。离心模型试验测得的支挡结构刚度和土体的相对密实度都会对基坑坑底的隆起产生影响,但变化都较小,坑底隆起值变化较小。可见,坑底隆起值的大小主要取决于开挖卸荷量的大小。

(3) 当隧道位于基坑中心正下方时,基坑开挖卸荷引起隧道向上隆起。隧道隆起服从高斯分布。离心模型试验和数值模拟结果都表明,隧道隆起值随着土体相对密实度的增大而减少。当土体的相对密实度从 68% 减少到 51%,离心模型试验得到的隧道纵向隆起增加了 18%。这是由于,当土体的相对密实度从 68% 减少到 51%,隧道顶部的应力变化量较小,而隧道顶部周围土体的劲度减少了 30% 左右,从而引起隧道隆起的增大。

(4) 基坑开挖卸荷引起隧道顶部土体较大的应力释放量和隧道左右起拱处较小的水平应力释放量,从而导致位于基坑正下方的隧道竖向伸长,水平压缩。当土体的相对密实度从 68% 减少到 51% 时,位于基坑中心的隧道横截面上的隧道衬砌最大变形和弯曲应变增大量为 20% 左右。这是因为当隧道周围土体的相对密实度减少时,隧道周围土体的应力释放量变化较小,而土体的劲度变化较大。较大的土体劲度阻止了隧道的进一步变形,从而引起较小的隧道衬砌变形。

(5) 当隧道位于基坑中心正下方时,隧道向上隆起,从而导致隧道纵向向上弯曲。隧道纵向弯曲应变沿基坑中心呈对称分布,拉应变范围为1.6倍的基坑开挖长度,主要位于基坑开挖区域。当土体的相对密实度从68%减少到51%时,隧道纵截面最大弯曲应变增加了15%。数值模拟和离心模型试验结果都表明,增大土体密度可以有效减少隧道的弯曲应变。这是由于土体相对密实度的增大,土体的劲度随之增大,土体抵抗弯曲变形的能力变强,而土体的应力释放量变化不大,从而引起了较大的弯曲应变。

(6) 当隧道位于支挡结构外侧时,基坑开挖卸荷导致隧道沉降,从而引起隧道向下弯曲。随着支挡结构刚度的增大(即从地下连续墙变为钢板桩墙,钢板桩墙的刚度约为支挡结构刚度的1/32),隧道纵向最大沉降和最大弯曲应变分别减少了22%和58%。这是因为,较大的支挡结构刚度能够减少挡墙后土体的应力变化从而引起较小的隧道变形和弯曲应变。

(7) 由于应力释放的不对称性,位于支挡结构外侧的隧道变形发生了扭曲,即变形方向朝向基坑开挖一侧。采用钢板桩墙得到的隧道横截面最大弯曲应变是采用地下连续墙得到的相应值的2倍。这是由于较大的支挡结构刚度限制了支挡结构后土体的应力释放,从而阻止了隧道衬砌较大的变形。

第 6 章 基坑开挖卸荷对隧道变形影响的三维数值模拟分析

6.1 概 述

在第 5 章中,通过离心模型试验和有限元模拟分析了基坑开挖卸荷对隧道影响的变形机理。重点分析了土体的相对密实度和支挡结构刚度对开挖卸荷引起隧道变形的影响。然而,考虑到得到的结论仅限于有限的离心模型试验及数值结果,基坑开挖尺寸也是固定的。有必要通过参数分析进一步研究土体相对密实度、支挡结构的刚度以及基坑开挖尺寸对隧道的影响。

本章通过一系列的参数分析研究土体的相对密实度、支挡结构的刚度以及基坑开挖的尺寸(基坑长度、宽度、深度)、隧道与基坑的位置等因素对隧道位移和变形的影响。

通过参数分析,以期达到以下研究目标:

(1) 深刻理解土体的密度以及支挡结构的刚度对隧道位移和变形规律的影响,从而确定合理经济的隧道周围地基加固及支挡结构加固程度。

(2) 通过分析基坑开挖的尺寸(长度、宽度和深度),研究基坑开挖的三维效应对隧道位移和变形影响的规律。

(3) 在以上参数分析的基础上,给出设计图表,方便工程应用。

6.2 数值模拟方案

通过第 3 章的量纲分析可知,除了土体密度以及支挡结构刚度外,基坑开挖的几何尺寸 $\left(\dfrac{B}{H_e}, \dfrac{L}{H_e}, \dfrac{L}{B}\right)$、隧道相对于基坑的位置 $\left(\dfrac{F}{B}, \dfrac{C}{H_e}, \dfrac{C}{D}\right)$ 以及隧道与土体的相对刚度 $\left(\dfrac{E_T I_T}{E_s H_e^4}, \dfrac{E_T A_T}{E_s H_e^2}\right)$ 等都会对隧道变形产生较大影响。

为了定量研究土体密度、支挡结构刚度、基坑开挖尺寸以及隧道和基坑的相对位置对隧道位移和变形规律的影响，本章采用 Abaqus 软件[101]进行数值模拟。所采用的本构模型、网格划分、边界条件、参数标定以及数值模拟过程等详见第 4 章所述。数值参数分析方案如第 4 章的表 4-2 和 4-3 所示。

6.3 土体相对密实度及支挡结构刚度对位于基坑正下方隧道的影响

6.3.1 不同土体相对密实度对隧道的影响

6.3.1.1 隧道纵向隆起

图 6-1 为隧道位于基坑正下方时，不同土体相对密实度情况下基坑开挖卸荷对隧道纵向隆起的影响。从图中可以看出，随着土体相对密实度的逐渐增大，隧道隆起值及隧道隆起影响区域逐渐减少。隧道隆起最大值均位于基坑中心处。当土体的相对密实度从 30% 增大到 90%，隧道隆起最大值减少了 48%。可见，增大土体相对密实度可以有效的减少隧道隆起量。这是因为，较大的土体相对密实度，对应着较大的土体模量，而应力释放量变化较小，从而引起较小的隧道隆起。如图 6-1(b) 所示，通过拟合隧道最大隆起值和土体相对密实度的关系发现，隧道顶部最大隆起值与土体相对密实度近似成线性关系，即随着土体相对密实度的增大而线性减小。隧道纵向变形曲率最大值为土体相对密实度为 30% 时得到的 1/16 667，小于但接近我国上海地区制定的隧道变形标准 1/15 000[35]。可见，当土体的相对密实度小于 30% 时，必须加固土体防止隧道纵向变形过大，导致隧道破坏。LTA(2000)[32]建议的隧道最大隆起值为 15 mm（对应图中的 $0.17\%H_e$，H_e 为基坑开挖深度 9 m）。可见，当土体的相对密实度分别为极限值 0% 和 100% 时，即土体处于最松散状态和最密实状态时隧道隆起的最大值和最小值分别为 12.6 mm（$0.14\%H_e$）和 4.5 mm（$0.05\%H_e$），均不超过规范规定的限值。

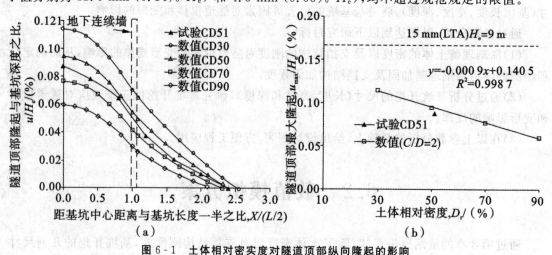

图 6-1 土体相对密实度对隧道顶部纵向隆起的影响
(a) 隧道纵向隆起分布随土体相对密实度的变化；(b) 隧道最大隆起与土体相对密实度的关系

6.3.1.2 隧道横向变形

图 6-2 为不同土体相对密实度情况下基坑开挖卸荷对位于基坑中心的隧道横截面衬砌变形的影响（隧道位于基坑正下方）。正值和负值分别表示隧道衬砌拉伸和压缩。

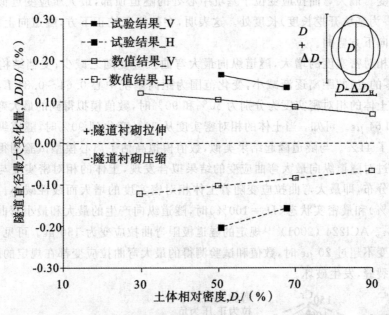

图 6-2 土体相对密实度对隧道衬砌直径变化的影响

从图中可以看出，隧道竖向伸长，水平压缩。离心模型试验和数值模拟结果都表明，随着土体相对密实度的逐渐增大，隧道横截面衬砌竖向伸长量和水平压缩量均随之减少，且近似成线性关系。数值模拟得到的隧道直径最大伸长量为 0.12% D（D 为隧道直径），最小伸长量为 0.07% D。可见，当土体相对密实度从 30% 增大为 90%，隧道直径变形量减少了 42%。接近土体相对密实度对隧道纵向隆起的影响量（48%）。同时，必须注意到，数值模拟低估了离心模型试验测得的隧道横截面衬砌的变形，这可能是由于没有考虑土体和隧道之间的摩擦而引起的。

6.3.1.3 隧道横截面弯曲应变

图 6-3 为不同土体相对密实度情况下基坑开挖卸荷对位于基坑中心的隧道横截面 S1 弯曲应变的影响（隧道位于基坑正下方）。正值表示拉应变，负值表示压应变。从图中可以看出，隧道弯曲应变分布呈对称分布：拉应变位于隧道顶部、肩部、腰部和底部，对应于隧道衬砌拉伸的位置；压应变位于隧道起拱线处，对应于隧道直径压缩的位置。最大拉应变位于隧道顶部，最大压应变位于隧道起拱处。数值模拟结果与离心模拟结果变化趋势一致：隧道横截面上的最大弯曲拉应变和最大弯曲压应变的绝对值都随着土体相对密实度的增大而减少。当土体的相对密实度从 30% 变化到 90% 时，隧道横截面的最大弯曲拉应变减少了 35%，最大压应变减少了 51%。与隧道横截面变形结果类似，数值模拟低估了离心模型试验测得的隧道横截面弯曲应变。ACI224（2001）[31] 规定的隧道极限弯曲应变为 150 $\mu\varepsilon$。可见，当开挖前隧道中的弯曲应变为零时，数值和试验测得弯曲应变都在规定的应变以内，否则隧道将产生裂缝，导致破坏。

6.3.1.4 隧道纵向弯曲应变

图 6-4 为不同土体相对密实度情况下基坑开挖卸荷对隧道纵向弯曲应变的影响（隧道位于基坑正下方）。正值表示拉应变，负值表示压应变，分别对应隧道的正、负弯矩。从图中可以看出，隧道弯曲应变分布沿基坑中心呈对称分布：位于基坑开挖区域的为拉应变，支挡结构后的区域为压应变。最大弯曲拉应变位于基坑中心处的隧道顶部，最大压应变近似位于距离基坑中心 L 的（L 为基坑开挖长度）长度处。这表明，在基坑开挖正下方，隧道向上方弯曲；支挡结构后的隧道向下方弯曲。

随着土体相对密实度的增大，隧道纵向最大弯曲拉应变随之减少；支挡结构两侧反弯点（弯曲应变为零的点）的距离逐渐减小，变化范围为距离基坑中心 $0.64 \sim 0.84 L$，仍位于支挡结构外侧。当土体的相对密实度为分别为 30% 和 90% 时，数值模拟得到的最大弯曲拉应变分别为 108 $\mu\varepsilon$ 和 64 $\mu\varepsilon$。可知，当土体的相对密实度从 30% 变化到 90% 时，隧道纵向的最大弯曲拉应变减少了 41%。与隧道隆起结果类似，数值模拟高估了离心模型试验测得的隧道纵向弯曲应变。通过对隧道纵向最大弯曲应变的结果拟合发现，土体的相对密实度与最大弯曲应变近似成线性分布，即最大弯曲拉应变随着土体相对密实度的增大而线性减小。当土体处于最松散（$D_r=0\%$）和最密实状态（$D_r=100\%$）时，隧道纵向产生的最大和最小弯曲应变分别为 130 $\mu\varepsilon$ 和 57 $\mu\varepsilon$。ACI224（2001）[31] 规定的隧道极限弯曲拉应变为 150 $\mu\varepsilon$。可见，当开挖前隧道中的弯曲应变不超过 20 $\mu\varepsilon$ 时，数值和试验测得的最大弯曲拉应变都在规定的应变以内，否则隧道将产生裂缝，发生破坏。

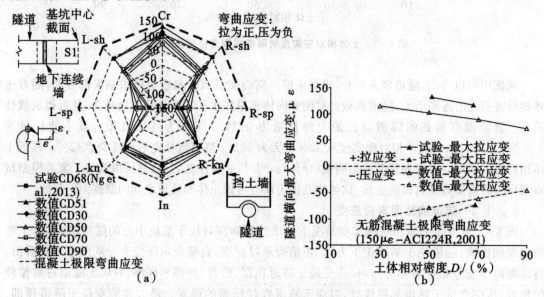

图 6-3 土体相对密实度对隧道横截面弯曲应变的影响

(a) 横截面弯曲应变分布；(b) 横截面最大弯曲应变

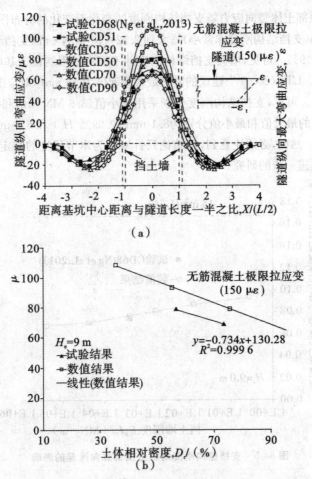

图 6-4 土体相对密实度对隧道纵向弯曲应变的影响
(a)纵向弯曲应变分布;(b)纵向最大弯曲应变

6.3.2 不同支挡结构刚度对隧道的影响

6.3.2.1 隧道纵向隆起

图 6-5 为支挡结构刚度对基坑开挖卸荷引起隧道纵向隆起的影响,其中横坐标为对数坐标。从图中可以看出,在支挡结构刚度达到 2.52×10^4 MN·m 之前,随着支挡结构刚度逐渐增大,隧道最大隆起值逐渐减少,与支挡结构刚度的对数近似成线性关系。支挡结构刚度达到 2.52×10^4 MN·m 以后时,隧道隆起值基本不再随着支挡结构刚度的变化而变化(变化不大于 3%)。当支挡结构的刚度从 3.6 MN·m(支挡结构刚度非常小)增大到 2.52×10^5 MN·m(支挡结构刚度很大)时,隧道隆起最大值仅减少了 27%。可见,当隧道位于基坑中心正下方时,支挡结构刚度对隧道隆起的影响不显著。无限增大支挡结构刚度并不能有效的减少隧道隆起。在工程实践中,无限增大支挡结构刚度是不可取的。这是因为,当隧道位于基坑正下方时,增大支挡结构刚度可以阻止位于支挡结构正下方的隧道隆起,并不能有效限制位于基坑中心正下方土体的应力释放量(见图 6-6),进而阻止隧道的隆起。

图 6-6 为隧道顶部土体竖向应力随支挡结构刚度的变化而变化的分布图。可见,当支挡结构的刚度从 3.6 MN·m(支挡结构刚度非常小)增大到 $2.52×10^5$ MN·m(支挡结构刚度很大)时,最大竖向应力仅变化了 19%。可见,增大支挡结构刚度并不能有效限制位于基坑中心正下方隧道顶部土体的应力释放量。LTA(2000)[32]建议的隧道最大隆起值为 15 mm(对应图中的 $0.17\%H_e$,H_e 为基坑开挖深度 9 m)。可见,支挡结构刚度分别采用极小值(3.6 MN·m)和极大值时($2.52×10^5$ MN·m)时,隧道隆起的最大值和最小值分别为 8.1 mm($0.09\%H_e$)和 6.3 mm($0.07\%H_e$),均不超过规范规定的限值。然而,必须注意到,该结论只针对于为本节研究的特定情况,对于其他情况的基坑开挖尺寸,需要进一步的研究。

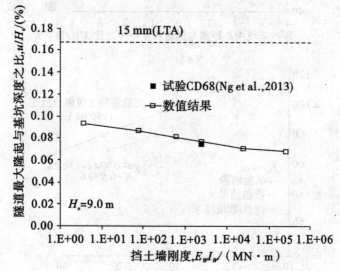

图 6-5 支挡结构刚度对隧道顶部纵向隆起的影响

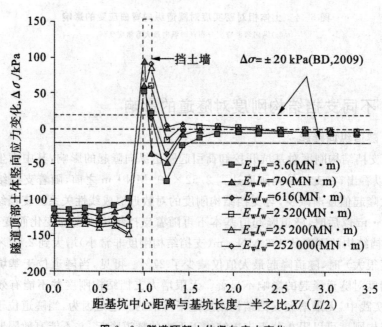

图 6-6 隧道顶部土体竖向应力变化

6.3.2.2 隧道横向变形

图 6-7 为不同支挡结构刚度对隧道横截面衬砌变形的影响。正值和负值分别表示隧道衬砌直径拉伸和压缩。从图中可以看出,在支挡结构刚度达到 2.52×10^4 MN·m 之前,随着支挡结构刚度的逐渐增大,隧道衬砌竖向最大伸长量和最大水平压缩量均随之减少;支挡结构刚度达到 2.52×10^4 MN·m 以后,隧道衬砌变形基本不再随着支挡结构刚度的变化而变化(变化不大于 5%)。数值模拟得到的隧道直径最大伸长量为 $0.13\%D$(D 为隧道直径),最小伸长量为 $0.07\%D$。可见,当支挡结构的刚度从 3.6 MN·m(支挡结构刚度非常小)增大到 2.52×10^5 MN·m(支挡结构刚度很大)时(增大了 69 999 倍),隧道直径变形量减少了 46%,但总体变化不大。同时,必须注意到,同密度对隧道衬砌变形的影响类似,数值模拟结果低估了离心模型试验得到的衬砌直径变形,如图 6-7 所示。如图 6-8 所示为隧道周围土体的土压力变化分布。可见,与支挡结构对隧道竖向应力的影响类似,支挡结构的变化对位于其下的隧道横截面土压力变化影响并不大,从而引起的隧道衬砌变形也不大。

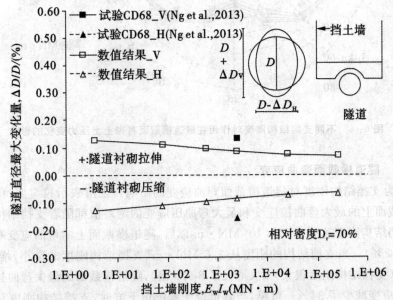

图 6-7 不同支挡结构刚度对隧道衬砌直径变化的影响

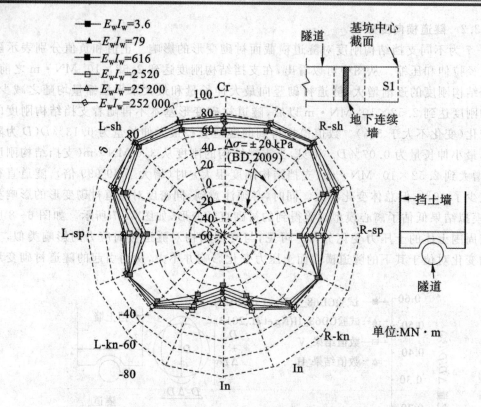

图 6-8 不同支挡结构刚度对作用在隧道横截面衬砌上土压力变化的影响

6.3.2.3 隧道横截面弯曲应变

图 6-9 为支挡结构刚度对隧道横截面弯曲应变的影响。正值表示拉应变,负值表示压应变。隧道横截面上的最大弯曲拉应变和最大弯曲压应变的绝对值都随着支挡结构刚度的增大而减少。支挡结构刚度达到 $2.52×10^4$ MN·m 以后,隧道横截面上的弯曲应变基本不再变化(变化不大于 2%)。当支挡结构的刚度从 3.6 MN·m(支挡结构刚度非常小)增大到 $2.52×10^5$ MN·m(支挡结构刚度很大)时(增大了 6 999 倍),隧道横截面的最大弯曲拉应变减少了52%,最大压应变减少了 34%。可见,当隧道位于基坑正下方时,支挡结构刚度对隧道横截面弯曲应变的影响不大。ACI224(2001)[31]规定的隧道极限弯曲应变为 150 $\mu\varepsilon$。可知,当开挖前隧道中的弯曲应变为零时,数值和试验测得的弯曲应变都在规定的应变以内。然而,必须注意到当支挡结构刚度为 3.6 MN·m 时,隧道横截面上产生的弯曲应变接近规范规定的限值。因此,虽然支挡结构刚度对隧道横向弯曲应变的影响不明显,仍要选择合适的支挡结构刚度,从而确保隧道的正常使用。

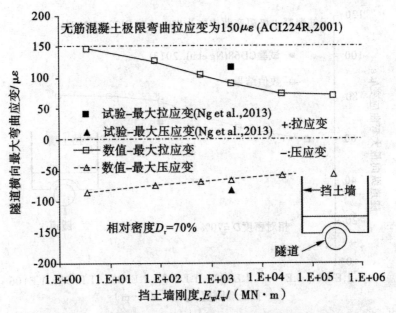

图 6-9 不同支挡结构刚度对隧道横截面弯曲应变的影响

6.3.2.4 隧道纵向弯曲应变

图 6-10 为支挡结构刚度对隧道纵向弯曲应变的影响。随着支挡结构刚度的逐渐增大，隧道纵向最大弯曲拉应变随之增大，达到一定刚度值（$E_w I_w = 2.52 \times 10^4$ MN·m），隧道纵向弯曲应变值基本不变。当支挡结构的刚度分别为柔性墙（$E_w I_w = 3.6$ MN·m）和刚性墙（$E_w I_w = 2.52 \times 10^5$ MN·m）时，数值模拟得到的最大弯曲拉应变分别为 60 $\mu\varepsilon$ 和 82 $\mu\varepsilon$。可知，隧道纵向的最大弯曲拉应变增加了 37%。这与隧道隆起结果是相反的。原因可能是，当支挡结构的刚度较小时，隧道整体（包括位于支挡结构正下方及基坑正下方的隧道）向上隆起，在隧道中产生的弯曲应变较少；当支挡结构刚度增大时，支挡结构限制了位于其正下方隧道的隆起，而基坑中心处隧道不受限制，发生了隆起，从而导致隧道弯曲，产生了较大的弯曲应变。ACI224（2001）[31]规定的隧道极限弯曲拉应变为 150 $\mu\varepsilon$。可见，当开挖前隧道中的弯曲应变不超过 68 $\mu\varepsilon$ 时，数值和试验测得的最大弯曲拉应变都在规定的应变范围以内。

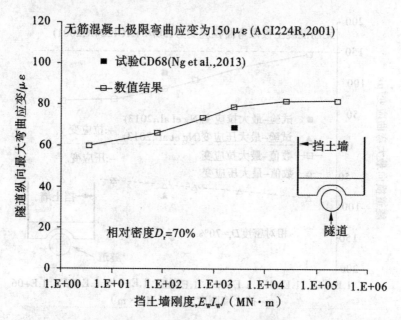

图 6-10 不同支挡结构刚度对隧道纵向弯曲应变的影响

6.4 土体相对密实度及支挡结构刚度对位于基坑外侧隧道的影响

6.4.1 隧道位移随土体相对密实度的变化($C/D=2$，$H_e=9$ m)

图 6-11 为隧道位于基坑支挡结构外侧不同土体相对密实度情况下基坑开挖对隧道纵向沉降的影响。从图中可以看出，随着土体相对密实度的逐渐增大，隧道最大沉降逐渐减少。当土体的相对密实度从 30% 增大到 90%，隧道沉降最大值从 0.013% 减少到 0.008%，变化了 38%。可见，增大土体密度可以有效的减少隧道沉降量。这是因为，较大的土体相对密实度，对应着较大的土体模量，而应力释放量变化较小，从而引起较小的隧道隆起。此外，还可以发现，隧道顶部最大隆起值与土体相对密实度近似成线性关系，即随着土体相对密实度的增大而线性减小。LTA(2000)[32]建议的隧道最大隆起值为 15 mm（对应图中的 $0.167\% H_e$，H_e 为基坑开挖深度）。可见，即使土体处于最松散状态，隧道沉降量也远小于规范规定的限值。原因可能：一是支挡结构刚度足够大，从而阻止了支挡结构后土体的变形；二是隧道位于支挡结构后的土体主要变形区外(主要变形区域的定义见图 6-11 中的插图)。

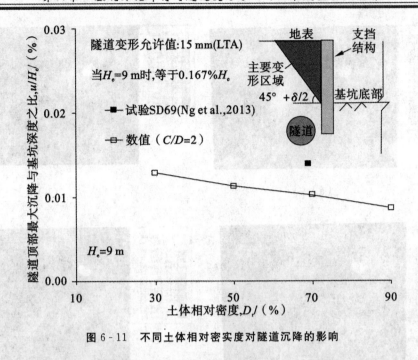

图 6-11 不同土体相对密实度对隧道沉降的影响

图 6-12 为支挡结构刚度较大时($E_w I_w = 2.52 \times 10^3$ MN·m),不同土体相对密实度的情况下基坑开挖卸荷引起基坑及隧道周围土体的最大主应变分布。从图中可以看出,由于支挡结构刚度较大,基坑开挖的影响范围主要位于基坑周围附近(约为基坑开挖深度的 1/3),对其他部分的主应变变化影响较小。随着土体相对密实度逐渐增大,最大主应变值逐渐变小,影响区域也逐渐减少。然而,由于支挡结构的屏蔽作用,不同相对密实度的变化对最大主应变的影响较小。

6.4.2 隧道位移随支挡结构刚度的变化($C/D=2$,$H_e=9$ m)

图 6-13 为隧道位于基坑支挡结构外侧时不同支挡结构刚度情况下基坑开挖对隧道沉降的影响。图 6-13(a)为隧道顶部的沉降,图 6-13(b)为靠近基坑开挖一侧的隧道起拱线处的水平位移,位移以远离基坑为正,靠近基坑为负。从图中可以看出,随着支挡结构刚度的增大,隧道顶部最大沉降先增大后逐渐减少,最后趋于稳定。隧道起拱线处的水平位移逐渐减少,最后趋于稳定。原因可以解释:当支挡结构的刚度较小时(如 $E_w I_w = 3.6$ MN·m),基坑开挖引起支挡结构后土体水平应力大量释放,土体变形以水平位移为主,竖向沉降较小;随着支挡结构刚度的逐渐增大,支挡结构后土体的水平变形受到抑制,土体变形只有通过沉降来平衡基坑开挖引起的坑底隆起;当支挡结构的刚度很大时(如 $E_w I_w = 2.52 \times 10^5$ MN·m),由于支挡结构的屏蔽效应,基坑开挖卸荷引起的应力释放无法传递到墙后,因此对墙后土体变形基本没有影响。

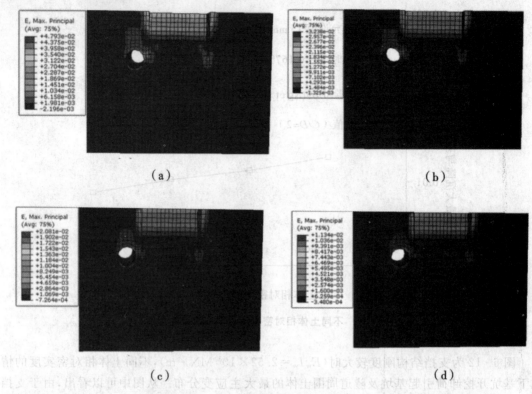

图 6-12 基坑开挖卸荷后最大主应变分布（支挡结构刚度较大时不同相对密实度的情况）
(a) $Dr=30\%$；(b) $Dr=50\%$；(c) $Dr=70\%$；(d) $Dr=90\%$

图 6-14 为土体相对密实度 D_r 为 70% 时，不同支挡结构刚度情况下基坑开挖卸荷引起基坑及隧道周围土体的最大主应变分布。从图中可以看出，当支挡结构刚度较小时（即 $E_w I_w =$ 3.6 MN·m），最大主应变变化主要位于支挡结构后与竖向约 45°方向的基坑开挖深度范围区域，开挖卸荷对隧道的影响甚微。随着支挡结构刚度的增大（$E_w I_w = 616$ MN·m），位于墙后基坑开挖深度以上区域的土体主应变大小及范围都变小；由于墙后土体变形变小，支挡结构要承受较大的水平土压力，导致位于支挡结构脚趾的土体应变增大，从而引起位于该处的隧道周围土体的应变增大。随着支挡结构刚度的进一步增大（即从 $E_w I_w = 2.52 \times 10^3$ MN·m 增大到 $E_w I_w = 2.52 \times 10^5$ MN·m），隧道周围土体的主应变变化较小，可以忽略。从以上分析可见，支挡结构刚度变化主要影响区域位于支挡结构后与竖向呈 45°的基坑深度范围内；当支挡结构的刚度较大时，对支挡结构后的土体主应变影响变小，对位于支挡结构脚趾处的土体主应变影响变大，但数值变化不大。

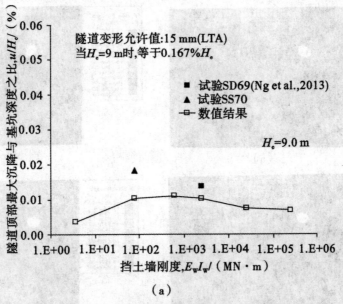

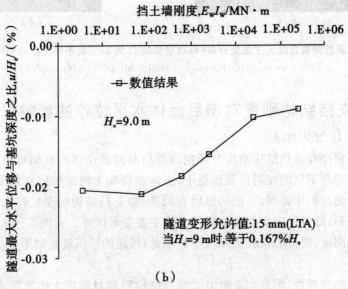

图 6-13 不同支挡结构刚度对隧道

(a) 顶部沉降；(b) 起拱线处（靠近基坑）的水平位移的影响

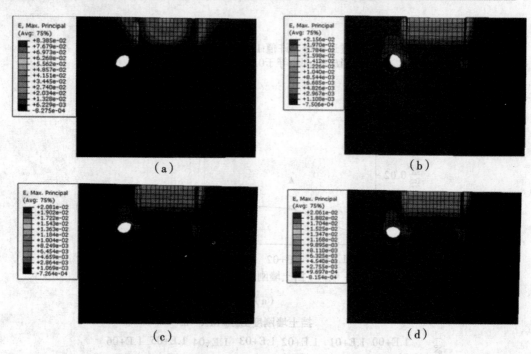

图 6-14　基坑开挖卸荷后最大主应变分布（相对密实度 D_r 为 70% 时不同支挡结构刚度的情况）
(a)3.6 MN·m；(b)616 MN·m；(c)2 520 MN·m；(d)252 000 MN·m

6.4.3　支挡结构刚度对墙后土体水平位移的影响（$C/D=2$，$H_e=9$ m）

通过分析土体密度和支挡结构刚度对开挖卸荷引起隧道位移的影响可以发现，在给定的基坑开挖尺寸和隧道与基坑的相对位置前提下，土体密度和支挡结构刚度均不会引起较大的隧道位移。在前面的分析中提到，可能的原因有两条：即支挡结构刚度足够大，从而阻止了支挡结构后土体的变形；隧道位于支挡结构后的土体主要变形区外。在图 6-10 中发现，即使采用较小的支挡结构刚度，隧道的位移仍然较小。于是，可能的原因就是隧道位于支挡结构的主要变形区外。

为了论证猜测的合理性，图 6-15 给出了支挡结构刚度对墙后土体水平变形的影响。从图中可以发现，当支挡结构的刚度较小时，墙后土体的水平位移很大（1.75% H_e）；当支挡结构的刚度逐渐增大时，墙后土体位移逐渐减小；当支挡结构刚度大于 2.52×10^3 MN·m 时，墙后土体水平位移可以忽略。可见，支挡结构刚度对墙后土体的水平位移影响很大。至于较小的支挡结构刚度也不会引起隧道较大的变形，原因就在于隧道位于挡墙后土体的主要变形区外，如图 6-15 所示。那么，土体密度和支挡结构刚度会对位于挡墙后主要变形区内的隧道产生怎样的影响呢？下面将分析这一情况下的隧道响应。

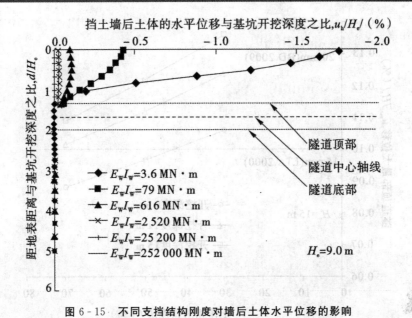

图 6-15 不同支挡结构刚度对墙后土体水平位移的影响

6.4.4 土体相对密实度对隧道的影响（C/D=1，H_e=15 m）

6.4.4.1 隧道顶部纵向位移

图 6-16 为隧道位于基坑支挡结构外侧不同土体相对密实度情况下，基坑开挖对隧道纵向位移的影响。这里的位移是隧道顶部的沉降和水平位移的合成，方向偏向基坑开挖一侧。从图中可以看出，对于不同的基坑开挖深度，随着土体相对密实度的逐渐增大，隧道最大沉降逐渐减少。当土体的相对密实度从 30% 增大到 70%，隧道位移的最大值从 0.135% 减少到 0.108%，变化了 20%。隧道顶部最大位移值与土体相对密实度近似成线性关系，即随着土体相对密实度的增大而线性减少。LTA(2000)[32] 建议的隧道最大隆起值为 15 mm（对应图中的 0.100% H_e，H_e 为基坑开挖深度 15 m）。BD(2009)[33] 建议的隧道最大隆起值为 20 mm（对应图中的 0.133% H_e，H_e 为基坑开挖深度 15 m）。当土体的相对密实度为 30%，基坑开挖深度为 15 m，基坑开挖引起的隧道位移 20.4 mm（0.136% H_e）超出了限值，增大土体的相对密实度后（达到 70%），隧道的位移减少为 16.4 mm（0.109% H_e），远低于 BD(2009)[33] 规定的隧道位移限值，但仍然高于 LTA(2000)[32] 规定的限值。压实土体至最大相对密度时，拟合得到的隧道位移值为 12.9 mm（0.086% H_e），低于规范要求的限值。可见，增大土体密度可以有效地减少隧道沉降量。当土体的相对密实度小于 30%，对于开挖深度大于隧道埋深的情况，隧道最大隆起都大于规范规定的 15 mm 限值，在工程实践中需要重点关注。

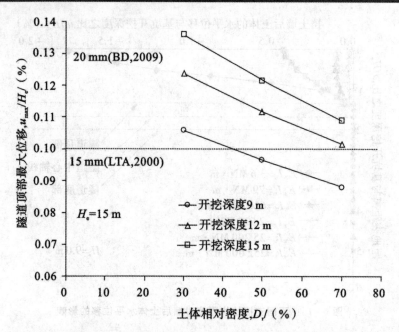

图 6-16 不同土体相对密实度对隧道位移的影响

6.4.4.2 隧道横向变形

图 6-17 为隧道位于基坑支挡结构外侧不同土体相对密实度情况下基坑开挖对隧道横截面衬砌变形的影响。从图中可以看出，基坑开挖卸荷完成后，由于水平应力大量释放，位于挡墙后的隧道朝着基坑开挖方向偏转，隧道衬砌竖向压缩，水平拉伸。隧道衬砌最大变形位于靠近基坑一侧的隧道右起拱处和隧道腰部之间。当基坑开挖深度为 15 m 时，随着土体相对密实度的逐渐增大，隧道横截面衬砌最大变形略有减少，但变化并不大。可能的原因：从上一章的分析可知，土体相对密实度的变化对土体应力释放的变化量影响较小，隧道衬砌的变形主要受土体劲度的影响，土体劲度越大，则抵抗隧道衬砌变形的能力越大；然而位于支挡结构后的隧道，由于支挡结构刚度对隧道的屏蔽效应远大于土体劲度的增大对隧道变形的阻碍作用，从而引起土体的相对密实度对隧道衬砌变形的影响不明显。

6.4.4.3 隧道纵向弯曲应变

图 6-18 为不同土体相对密实度情况下基坑开挖卸荷对隧道纵向弯曲应变的影响（隧道位于支挡结构外侧）。负值表示隧道顶部承受弯曲压应变。隧道纵向最大弯曲压应变绝对值随之减少。随着土体相对密实度的增大（从 30% 变化到 70%），当基坑开挖深度分别为 9 m，12 m 和 15 m 时，数值模拟得到的隧道顶部最大弯曲压应变分别减少了 11%，10% 和 11%。可见，对于不同的开挖深度，土体相对密实度对隧道纵向弯曲应变的影响大致相同。从图中还可以发现，土体的相对密实度与最大弯曲应变近似成线性关系，即最大弯曲压应变绝对值随着土体相对密实度的增大而线性减小。ACI224（2001）[31] 规定的隧道极限弯曲拉应变为 150 με。从图形的变化趋势可以看出，假定开挖前隧道中没有弯曲应变，隧道纵向产生的最大弯曲应变都在规定的应变范围以内，否则隧道将产生裂缝，发生破坏。

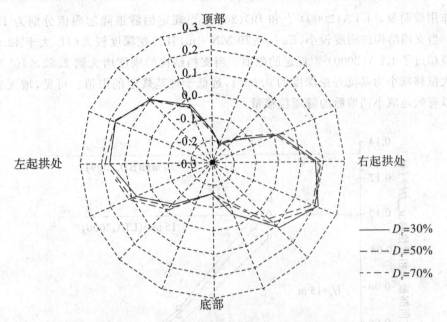

图 6-17 不同土体相对密实度对隧道衬砌直径变化的影响

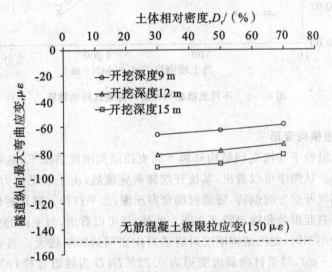

图 6-18 不同土体相对密实度对隧道纵向弯曲应变的影响

6.4.5 支挡结构刚度对隧道的影响（$C/D=1$，$H_e=15$ m）

6.4.5.1 隧道纵向沉降

图 6-19 为隧道位于基坑支挡结构外侧不同支挡结构刚度情况下，基坑开挖对隧道沉降的影响。横坐标为对数坐标。此处的隧道位移为隧道顶部的沉降和隧道顶部向基坑一侧的水平位移合成值。从图中可以看出，随着支挡结构刚度的增大，隧道顶部最大位移逐渐减小，变化速率成减小的趋势。基坑开挖深度越大，隧道位移越大。当支挡结构的刚度为 2.52×10^3 MN·m 时，基坑开挖深度对隧道位移的影响较小。可见，支挡结构刚度对位于挡墙后的隧道

的屏蔽作用较明显。LTA(2000)[32]和 BD(2009)[33]规定的隧道隆起限值分别为 15 mm 和 20 mm。当支挡结构的刚度较小($E_wI_w=79$ MN·m)且开挖深度较大(H_e大于 12 m)时,隧道隆起值超过了 LTA(2000)[32]规定的限值。当支挡结构的刚度增大到 $2.52×10^3$ MN·m,隧道最大位移减小为基坑开挖深度的 0.02%,远低于规范规定的限值。可见,增大支挡结构刚度可以有效地减小挡墙后的隧道位移量。

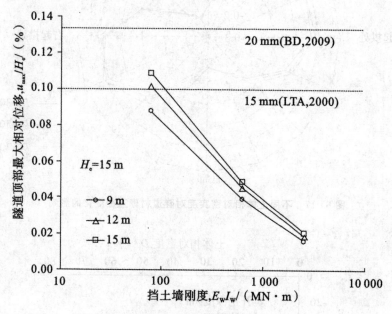

图 6-19 不同支挡结构刚度对隧道沉降的影响

6.4.5.2 隧道横向变形

图 6-20 为隧道位于基坑支挡结构外侧不同支挡结构刚度情况下,基坑开挖对隧道横截面衬砌变形的影响。从图中可以看出,基坑开挖卸荷完成后,由于水平应力大量释放,位于挡墙后的隧道朝着基坑开挖方向偏转,隧道衬砌竖向压缩,水平拉伸。隧道衬砌最大变形位于靠近基坑一侧的隧道右起拱处和隧道腰部之间。此外,还可以看出,与土体的相对密实度对隧道衬砌变形的影响较小不同,支挡结构刚度对隧道衬砌变形的影响较大。当支挡结构刚度较小时($E_wI_w=79$ MN·m),隧道衬砌最大变形为 0.22%D(D 为隧道直径);当支挡结构刚度较大时($E_wI_w=2.52×10^3$ MN·m),隧道衬砌最大变形为 0.03%D。在给定的支挡结构刚度变化范围内,较大支挡结构刚度对应的隧道直径变化仅为较小挡墙刚度对应的隧道直径变形的 14%。可以得出,支挡结构刚度对隧道衬砌变形的影响较显著。

6.4.5.3 隧道纵向弯曲应变

图 6-21 为隧道位于基坑支挡结构外侧不同支挡结构刚度情况下,基坑开挖对隧道纵向弯曲应变的影响。图形横坐标为对数坐标。从图中可以看出,随着支挡结构刚度的增大,隧道顶部最大弯曲应变逐渐线性减小。当支挡结构刚度较小(如 $E_wI_w=79$ MN·m)时,基坑开挖深度越大,弯曲应变越大;当支挡结构刚度较大时(如 $E_EI_w=2.52×10^3$ MN·m),基坑开挖深度的增大对弯曲应变的影响甚微。可以推知,支挡结构刚度对隧道纵向弯曲应变的影响起决定作用。ACI224(2001)[31]规定的隧道极限弯曲拉应变为 150 $\mu\varepsilon$。从图形的变化趋势可以看

出,假定开挖前隧道中没有弯曲应变,隧道纵向产生的最大弯曲应变都在规定的应变以内,否则隧道将产生裂缝,发生破坏。

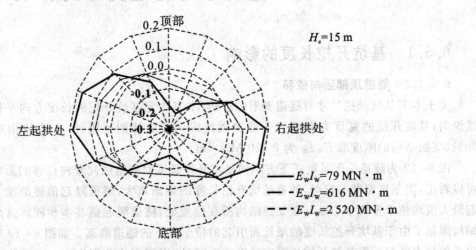

图 6-20 不同支挡结构刚度对隧道衬砌直径变化的影响

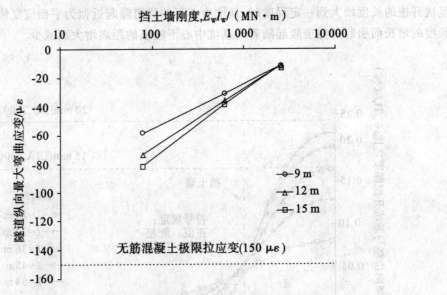

图 6-21 不同支挡结构刚度对隧道纵向弯曲应变的影响

6.5 基坑开挖尺寸对隧道变形的影响

6.5.1 基坑开挖长度的影响

6.5.1.1 隧道顶部竖向位移

关于本节基坑开挖尺寸对隧道变形的影响,本书约定基坑开挖的长度方向平行于隧道轴线纵向,基坑开挖的宽度方向垂直于隧道轴线纵向。除特别说明外,土体的相对密实度取 70%,支挡结构的刚度取 $E_w I_w$ 为 2 520 MN·m。

图 6-22 为隧道位于基坑正下方不同基坑开挖长度对隧道纵向竖向位移的影响。从图中可以看出,当基坑宽度一定时,随着基坑开挖长度的逐渐增大,隧道隆起值逐渐增大。隧道隆起最大值均位于基坑中心处。在支挡结构所在位置处,隧道隆起值基本相同。这是由于支挡结构限制了由于基坑开挖长度的增长而引起的位于其下的隧道隆起。如图 6-19 所示为隧道顶部的最大隆起随着基坑开挖长深比的影响。可见,当宽深比分别为 1～6 时,隧道顶部的最大隆起值均随着基坑开挖长深比的增大而逐渐增大,但增长速率呈减小的趋势。这是因为,当基坑开挖的长度增大到一定程度时,基坑中心下的隧道隆起近似为平面应变情况,因基坑开挖长度的增长而引起的隧道隆起随着离基坑中心下隧道的距离增大而减少。

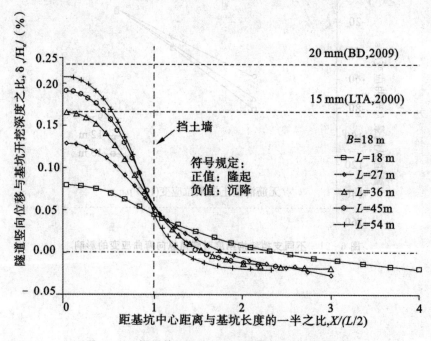

图 6-22 不同基坑开挖长度对隧道竖向位移的影响

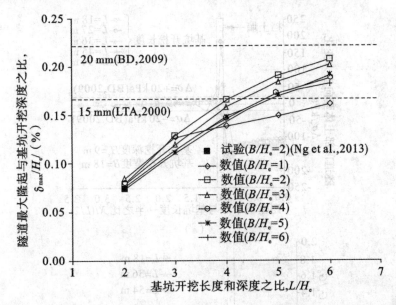

图6-23 不同基坑开挖长深比(L/H_e)对隧道变形的影响

LTA(2000)[32]和BD(2009)[33]规定的隧道隆起限值分别为15 mm和20 mm,分别对应如图6-22和图6-23所示中标注的水平线。当基坑开挖长深比小于等于4(即$L/H_e \leq 4$),对于任意开挖宽度,隧道隆起值均在LTA(2000)[32]和BD(2009)[33]规定的隧道隆起限值之内;当基坑开挖长深比大于等于5(即$L/H_e \geq 5$),除了$B/H_e=1$对应的隧道隆起外,对其他开挖宽度,隧道隆起值均超过了LTA(2000)[32]规定的隧道隆起限值15 mm,但不超过BD(2009)[33]规定的隧道隆起限值20 mm。对于$B/H_e=1$的情况,随着基坑开挖长度的逐渐增大,隧道隆起增大量显著低于其他宽深比($B/H_e \geq 2$)对应的情况。这可能是由于较小的基坑宽度,限制了坑底土体的变形。综上所述,当基坑开挖长深比(L/H_e)大于4时,隧道隆起易超过规范规定的限值,在工程实践中应重点关注。

图6-24为隧道顶部土体竖向应力变化以及劲度变化。从图中可以看出,隧道顶部土体的竖向应力以及劲度变化都随着基坑开挖长度的增大而减小,但总体变化不大。由于隧道顶部土体的卸荷面积随着基坑开挖长度的增大而逐渐增大,土体劲度也逐渐增大(变化不大),从而导致隧道顶部隆起随着基坑开挖长度的增大而逐渐增大,而增长速率呈逐渐减小的趋势。

6.5.1.2 隧道横截面变形

图6-25为隧道位于基坑正下方不同基坑开挖长度对隧道横截面衬砌直径变形的影响。从图中可以看出,当基坑宽度一定时,随着基坑开挖长度的逐渐增大,隧道衬砌直径竖向逐渐伸长,水平逐渐压缩,但伸长和压缩量均呈减小的趋势。为了定量描述隧道衬砌直径的变化量,绘制基坑开挖长度与隧道竖向最大伸长量和水平最大压缩量的变化关系如图6-26所示。从图中可以看出,随着基坑开挖长深比(基坑长度和深度之比)从2增大到6,隧道直径最大伸长和压缩量分别增加了1.85倍和1.97倍。长深比2和3对应的隧道衬砌竖向直径变化了87%,而长深比5和6对应的隧道衬砌竖向直径仅变化了8%。可见,当长深比大于5时,隧道衬砌变形随基坑开挖长度的增大而变化较小。长深比为6时对应的隧道衬砌变形接近平面应变的情况。

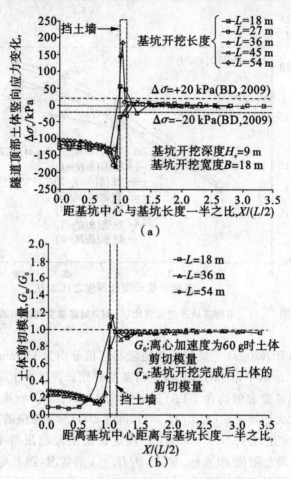

图 6-24 隧道顶部土体竖向应力变化以及劲度变化
(a)隧道顶部土体竖向应力变化;(b)隧道顶部土体剪切模量变化

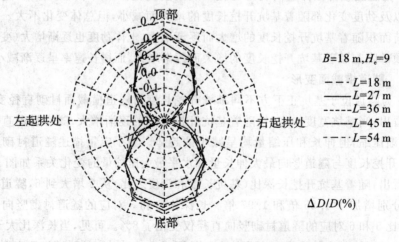

图 6-25 不同基坑开挖长度对隧道直径变形的影响

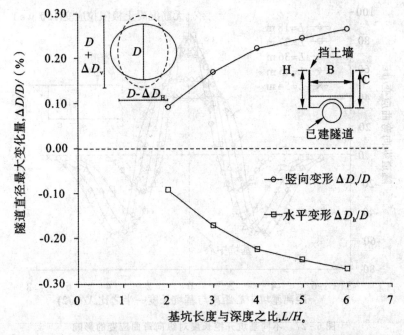

图 6-26 不同基坑开挖长深比(L/H_e)对隧道直径变形的影响

6.5.1.3 隧道纵向弯曲应变

图 6-27 和图 6-28 分别为隧道位于基坑正下方时,不同基坑开挖长度对隧道纵向弯曲应变分布及最大弯曲应变的影响。正值表示弯曲拉应变,负值表示弯曲压应变。从图中可以看出,当基坑宽度一定时,随着基坑开挖长度的逐渐增大,弯曲拉应变先略微增大随后逐渐减小;弯曲压应变绝对值则逐渐增大,最后趋于稳定。这是由于,当基坑长宽比(L/B)为 1 时,基坑围护结构支挡结构的系统刚度较大,基坑尺寸效应明显,因此隧道的纵向弯曲应变较小。随着长宽比的增大,围护结构的系统刚度变小,引起较大的弯曲应变。当基坑长宽比继续增大时,隧道隆起区域增大,位于基坑中心下方的隧道左右两侧的隆起值大致相同,从而产生较小的弯曲拉应变。此外,还可以看出,基坑开挖长度不仅影响隧道纵向的弯曲应变大小,而且显著影响着弯曲应变的分布。随着基坑开挖长度的增大,弯曲拉应变最大值影响范围增大,两反弯点(弯曲应变为零的点)的之间的距离也随之增大。

ACI224(2001)[31]规定的隧道极限弯曲拉应变为 150 $\mu\varepsilon$。隧道中产生的最大弯曲应变为 84 $\mu\varepsilon$。考虑到当 $L/B \geqslant 1.5$ 时,隧道上产生的最大弯曲应变随着基坑开挖的长度而逐渐减小。假定开挖前的隧道中弯曲应变不超过 66 $\mu\varepsilon$,则在给定的开挖尺寸下,隧道中产生的弯曲应变均不超过规范规定的限值。

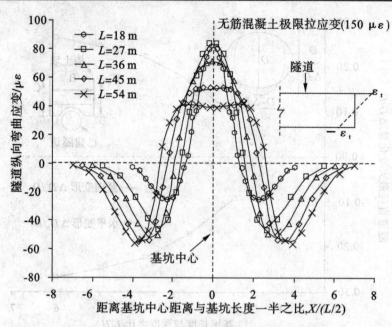

图 6-27 不同基坑开挖长度对纵向弯曲应变的影响

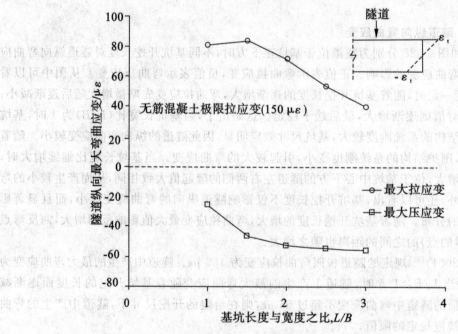

图 6-28 不同基坑开挖长宽比对纵向最大弯曲应变的影响

6.5.2 基坑开挖宽度的影响

6.5.2.1 隧道顶部竖向位移

图 6-29 为隧道位于基坑正下方不同基坑开挖宽度对隧道纵向竖向位移的影响。从图中可以看出,隧道隆起最大值均位于基坑中心处;当基坑长度一定时,随着基坑开挖宽度的逐渐

增大,隧道隆起值基本没有变化。这表明,基坑开挖宽度对开挖卸荷引起隧道纵向隆起的影响不大。为了进一步检验基坑开挖宽度的影响,图 6-30 给出了更多不同长深比(L/H_e)对应的不同基坑开挖宽深比(B/H_e)对隧道纵向隆起的影响。可见,当 $L/H_e=2$ 时,基坑开挖宽度的变化对隧道隆起基本没有影响;当 $L/H_e \geqslant 3$ 时,随着宽深比(B/H_e)逐渐增大,隧道隆起均呈先增大后减小并最后趋于稳定的特征($B/H_e=2$ 时达到最大),但总体上数值变化不大。综合以上分析可以得出,垂直隧道的基坑开挖宽度变化对隧道纵向隆起的影响不大。

图 6-31 给出了隧道顶部土体的竖向应力变化分布图。从图中可见,位于基坑开挖区域的隧道顶部土体竖向应力随着基坑开挖宽度的增大而变化较小,可以忽略,而位于支挡结构处的隧道顶部土体竖向应力大量减小。这表明,隧道底部土体承担了较大的土压力,即支挡结构限制了该处土体的变形,从而使得平行隧道的基坑开挖长度两侧的支挡结构限制了隧道的纵向隆起,抵消了垂直隧道的基坑开挖宽度的变化对隧道纵向隆起的影响。

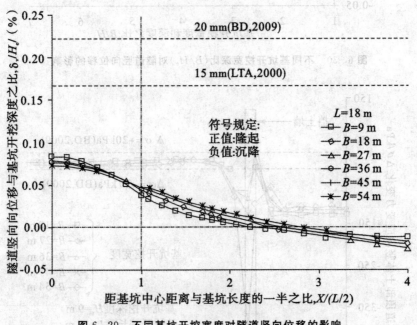

图 6-29 不同基坑开挖宽度对隧道竖向位移的影响

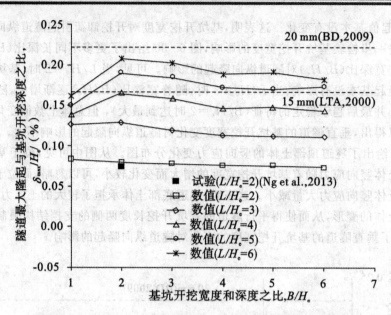

图 6-30　不同基坑开挖宽深比(B/H_e)对隧道竖向位移的影响

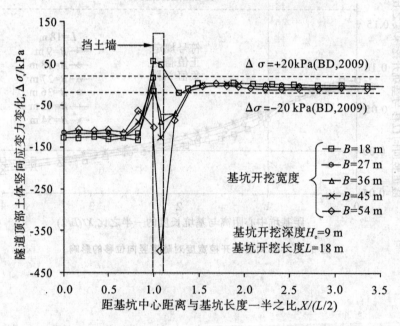

图 6-31　基坑开挖宽度引起隧道顶部土体竖向应力的变化

图 6-32 为不同基坑开挖长宽比(L/B)对隧道顶部纵向隆起的影响。纵坐标为隧道隆起值和基坑开挖深度之比，横坐标为基坑开挖长宽比。从图中可以看出，隧道隆起随着基坑开挖长宽比的增大而先增大后减小。当基坑开挖长深比(L/H_e)分别为 3，4，5 和 6 时，隧道隆起的最大值对应的基坑长宽比(L/B)分别为 1.5，2，2.5 和 3。当基坑开挖长深比 L/H_e 等于 2 时，隧道隆起随着基坑开挖长宽比(L/B)的增大而增大，但变化并不明显，可以认为隧道隆起的最大值对应的基坑长宽比(L/B)为 1。于是，可以得出当基坑开挖长宽比(L/B)是长深比(L/H_e)的一半时（即 $B/H_e=2$），隧道顶部的隆起值最大。在基坑开挖工程中，应尽量避免基坑宽深比等于 2 的情况。

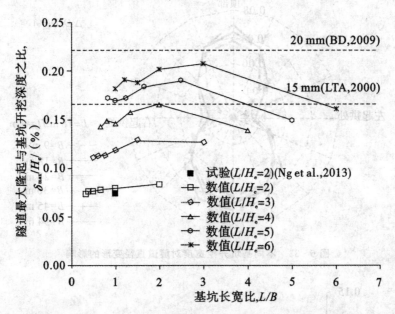

图 6-32　不同基坑开挖长宽比（L/B）对隧道竖向位移的影响

6.5.2.2　隧道横截面变形

图 6-33 和图 6-34 分别为不同基坑开挖宽度对隧道横截面衬砌直径变形分布以及对最大直径变形（包括竖向最大伸长和水平最大压缩）的影响。其中，正值表示隧道直径伸长，负值表示隧道直径压缩。从图中可以看出，当基坑开挖的深度和长度不变时，随着基坑开挖宽度的逐渐增大，隧道直径的竖向伸长和水平压缩量均逐渐增大。隧道衬砌变形成对称分布，最大伸长量沿隧道衬砌竖向，最大压缩量沿隧道衬砌水平向。从图 6-34 可以看出，随着基坑开挖宽度的逐渐增大，隧道最大伸长和最大压缩都随着基坑开挖宽度的增大而先减小后不变。当基坑宽深比（B/H_e）大于等于 3 时，增大基坑开挖宽度基本不会对隧道衬砌变形产生影响。原因可能是，当基坑开挖宽度较小时，支挡结构系统刚度较大，有效限制了隧道的向上平移和水平平移，隧道衬砌只有自身发生变形以达到应力的平衡；随着基坑开挖宽度的增大，基坑宽度对隧道平移的约束作用减小，隧道衬砌自身只需发生较小的变形就可以达到应力的平衡；当基坑宽深比（B/H_e）大于等于 3 时，因基坑开挖宽度的增大而引起的应力变化量在隧道截面处发生了较大的衰减，增大的基坑开挖宽度不会对隧道衬砌变形产生较大的影响。这表明，在工程实践中，为了使得隧道横截面的变形最小，基坑开挖宽深比应大于等于 3（即 $B/H_e \geqslant 3$）。

为了进一步分析隧道衬砌直径的变化，图 6-35 给出了隧道横截面周围土体的土压力变化分布。从图中可见，随着基坑开挖宽度的逐渐增大，隧道周围土体的土压力变化很小。这就从应力变化上解释了基坑开挖宽度对隧道衬砌变形影响不大的原因。

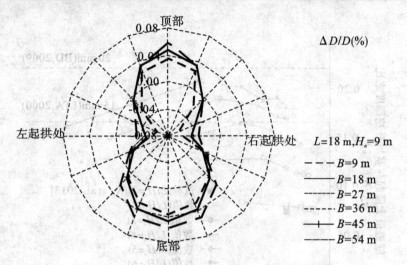

图 6-33　不同基坑开挖宽度对隧道直径变形的影响

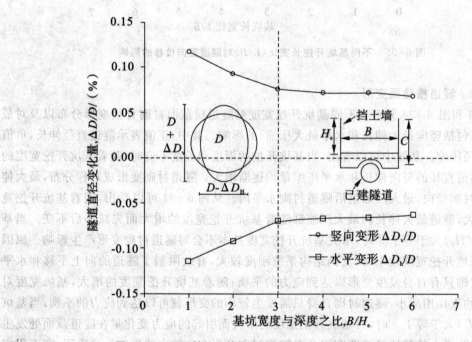

图 6-34　不同基坑开挖宽深比（B/H_e）对隧道直径变形的影响

6.5.2.3　隧道纵向弯曲应变

图 6-36 分别为隧道位于基坑正下方不同基坑开挖宽度对隧道纵向最大弯曲应变的影响。正值表示弯曲拉应变，负值表示弯曲压应变。从图中可以看出，当基坑长度一定时，随着基坑开挖宽度逐渐增大，弯曲拉应变和压应变绝对值都先略微增大随后逐渐减小，但数值总体变化不大。这是因为，平行隧道的基坑开挖长度两侧的支挡结构限制了隧道的纵向隆起，抵消了垂直隧道的基坑开挖宽度的变化对隧道纵向隆起的影响。ACI224（2001）[31]规定的隧道极限弯曲拉应变为 150 $\mu\varepsilon$。隧道中产生的最大弯曲应变为 81 $\mu\varepsilon$。假定开挖前的隧道中弯曲应变不超过 69 $\mu\varepsilon$，则在给定的开挖尺寸下，隧道中产生的弯曲应变均不超过规范规定的限值。

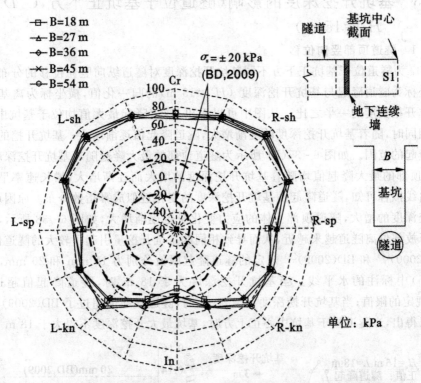

图 6-35 基坑开挖宽度对作用在隧道横截面衬砌上土压力变化的影响

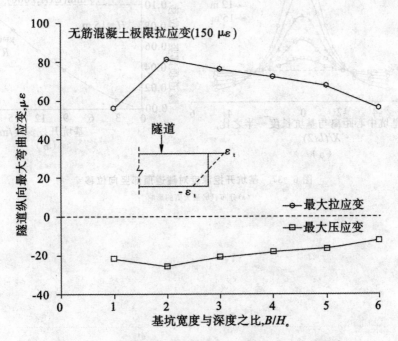

图 6-36 不同基坑开挖宽度对纵向最大弯曲应变的影响

6.5.3　基坑开挖深度的影响（隧道位于基坑正下方，$C/D=3$，$H_e=15$ m）

6.5.3.1　隧道顶部竖向位移

图 6-37 为隧道位于基坑正下方不同基坑开挖深度对隧道纵向竖向位移的分布和大小的影响。纵坐标为隧道隆起与基坑开挖深度（$H_e=15$ m）的归一化值，横坐标为离基坑中心的距离与基坑开挖长度的一半之比。从图中可以看出，隧道隆起最大值均位于基坑中心处；当其他条件相同时，随着基坑开挖深度的逐渐增大，隧道隆起值逐渐增大；基坑开挖的深度并不影响隧道隆起的范围。如图 6-37(b) 所示为隧道顶部的最大隆起随着基坑开挖深度而变化。可见，隧道顶部的最大隆起值均随着基坑开挖深度的增大而逐渐增大，增长速率呈增大的趋势。通过曲线拟合可知，隧道隆起随基坑开挖深度的变化近似成幂指数分布。原因可能是，随着基坑开挖深度的增大，隧道顶部土体的应力变化量也逐渐增大，如图 6-38 所示，而且新增加的应力释放部位离隧道越来越近，从而导致相同的基坑开挖量引起了较大的隧道位移。

LTA(2000)[32] 和 BD(2009)[33] 规定的隧道隆起限值分别为 15 mm 和 20 mm，分别对应图 6-37(b) 中标注的水平线。当基坑开挖深度大于 18 m 时，隧道隆起值超过了 LTA(2000)[32] 规定的限值；当基坑开挖深度大于 23 m 时，隧道隆起值超过了 BD(2009)[33] 规定的限值。可以得出，当隧道位于基坑中心正上方时，基坑最大开挖深度不得大于 18 m。

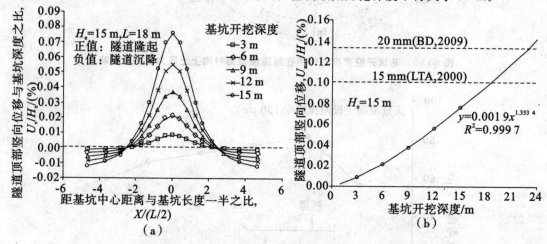

图 6-37　基坑开挖深度对隧道顶部竖向位移
(a) 分布；(b) 最大值的影响

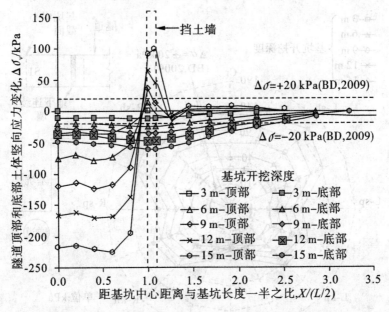

图 6-38 基坑开挖深度引起隧道顶部和底部土体竖向应力的变化(隧道位于基坑正下方)

6.5.3.2 隧道横截面变形

图 6-39 为不同基坑开挖深度对隧道横截面衬砌直径变形分布以及对最大直径变形(包括竖向最大伸长和水平最大压缩)的影响。其中,正值表示隧道直径伸长,负值表示隧道直径压缩。从图中可以看出,当其他条件不变时,随着基坑开挖深度的逐渐增大,隧道直径变形均逐渐增大。隧道衬砌变形成对称分布,最大伸长量沿隧道衬砌竖向,最大压缩量沿隧道衬砌水平向。从图 6-39(b)中可以看出,随着基坑开挖深度的逐渐增大,隧道最大伸长和最大压缩量都随着基坑开挖深度的增大而逐渐增大,且增长速率逐渐增大(可用幂指数关系表示,如图所示)。原因可能是,随着基坑开挖深度的增大,隧道横截面衬砌上的土压力变化也逐渐增大,如图 6-40 所示,而且新增加的应力释放部位离隧道越来越近,从而导致相同的基坑开挖量引起了较大的隧道变形。

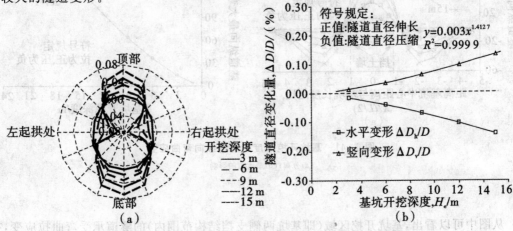

图 6-39 基坑开挖深度对位于正下方隧道直径变形的影响

(a) 隧道衬砌直径变化;(b) 隧道衬砌最大直径变化

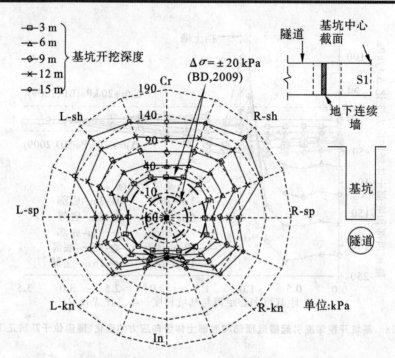

图 6-40　基坑开挖深度对作用在隧道横截面衬砌上土压力变化的影响

6.5.3.3　隧道纵向弯曲应变

图 6-32 和图 6-33 分别为不同基坑开挖深度对隧道纵向弯曲应变分布及最大弯曲应变的影响。正值表示弯曲拉应变，负值表示弯曲压应变。

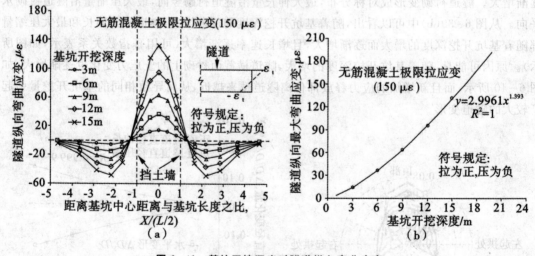

图 6-41　基坑开挖深度对隧道纵向弯曲应变
(a)分布；(b)最大值的影响

从图中可以看出，基坑开挖区域（即基坑两侧支挡结构范围内）的隧道承受弯曲拉应变，挡墙外侧下的隧道承受弯曲压应变；随着基坑开挖深度的逐渐增大，弯曲拉应变和弯曲压应变绝对值都逐渐增大。此外，还可以看出，基坑开挖深度仅影响隧道纵向的弯曲应变大小，并不影响弯曲应变的分布：不同反弯点(弯曲应变为零的点)随着深度的变化并未发生变化。通过对弯曲拉应变最大值随基坑开挖深度之间的关系拟合可以发现，随着基坑开挖深度的增加，隧道纵向最大弯曲拉应变也逐渐非线性增大，并呈递增趋势，近似成幂指数分布。ACI224 (2001)[31]规定的隧道极限弯曲拉应变为 $150~\mu\varepsilon$。当基坑的开挖深度大于 16.6 m 时，即使开挖前的隧道中弯曲应变为零，则在给定的开挖尺寸下，隧道中产生的弯曲应变也超过了规范规定的限值。可见，针对隧道纵向弯曲应变的情况，基坑开挖深度不得大于 16.6 m，否则应加固隧道周围土体。

6.5.4 基坑开挖深度的影响（隧道位于支挡结构外侧，$C/D=1$，$H_e=15$ m）

6.5.4.1 隧道顶部纵向位移

图 6-42 和 6-43 为隧道位于支挡结构外侧时，基坑开挖深度对隧道顶部纵向沉降和水平向位移的影响。基坑开挖深度分别为 3，6，9，12 和 15 m，基坑开挖长度和宽度都为 18 m。隧道直径 D 和隧道埋深 C 都为 6 m。从图中可以看出，当隧道位于支挡结构外侧时，基坑开挖卸荷导致隧道顶部沉降和向基坑一侧的水平位移；随着开挖深度的增加，隧道顶部沉降和水平位移量逐渐增大。

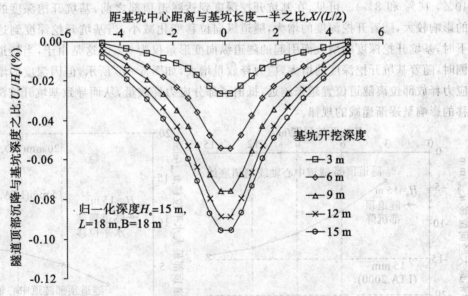

图 6-42 基坑开挖深度对隧道顶部竖向位移的影响

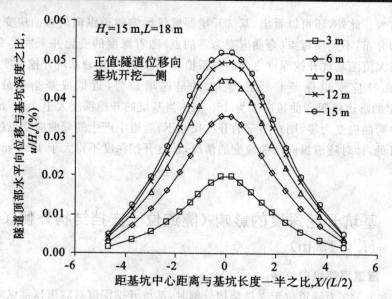

图 6-43 基坑开挖深度对隧道顶部水平位移的影响

为了定量描述隧道顶部沉降和水平位移随基坑开挖深度的关系,图 6-44 给出了隧道顶部的最大沉降和最大水平位移随基坑开挖深度的变化关系。从图中可以看出,二者都随着开挖深度的增大而逐渐增大,但增长速率都呈减小的趋势(如沉降值每 3 m 变化量 103%,40%,16% 和 8%)。可见,在基坑开挖深度到达隧道顶部之前,基坑开挖深度的变化对隧道的影响较大,随着开挖深度的增大,隧道纵向位移变化减小,当基坑开挖深度到达隧道底部以下时,基坑开挖深度的增大而引起的隧道纵向变形量仅为 8%。这是由于,当隧道位于基坑一侧时,随着基坑开挖深度的增大,应力释放量增大,如图 6-45 所示,但因深度的增加而增加的应力释放部位离隧道位置越来越远,抵消了部分应力释放量,从而导致基坑开挖深度对隧道位移的影响呈逐渐递减的规律。

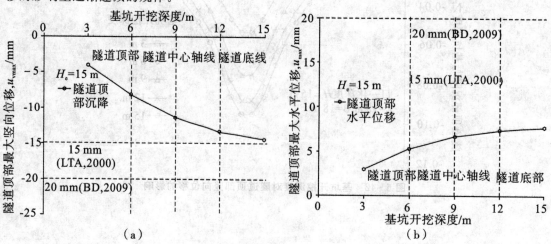

图 6-44 基坑开挖深度对隧道顶部最大位移的影响
(a)竖向位移;(b)水平位移

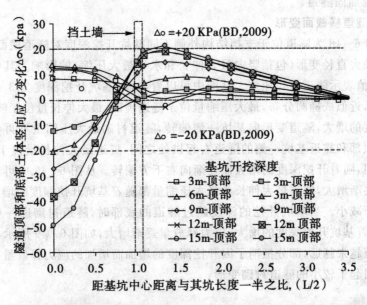

图 6-45 基坑开挖深度引起隧道顶部和底部土体竖向应力的变化(隧道位于基坑外侧)

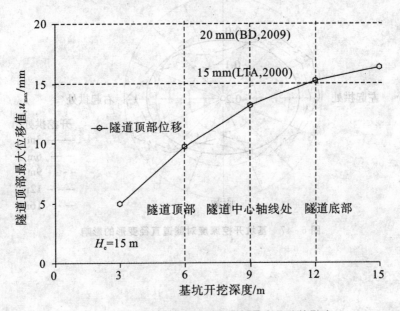

图 6-46 基坑开挖深度对隧道顶部最大位移的影响

LTA(2000)[32]和 BD(2009)[33]规定的隧道隆起限值分别为 15 mm 和 20 mm。图 6-44 中的隧道顶部沉降和水平位移都没有超过规定的限值。然而,必须注意到,位于基坑一侧的隧道不仅有竖向沉降,还有水平位移,隧道顶部的位移应是二者的矢量合成。图 6-46 给出了隧道顶部的最大位移随基坑开挖深度的变化曲线。从图中可以看出,当基坑开挖深度超过隧道底部时,隧道顶部的位移变化超过了 LTA(2000)[32]规定的限值,但没有超过 BD(2009)[33]规定的限值。可以得出,当隧道位于基坑外侧坑底以上时,基坑开挖深度不得大于 12 m,否则应加固隧道。

6.5.4.2 隧道横截面变形

图 6-47 和 6-48 为隧道位于支挡结构外侧不同基坑开挖深度对隧道横截面衬砌直径变形分布以及对最大直径变形(包括竖向最大伸长和水平最大压缩)的影响。其中,正值表示隧道直径伸长,负值表示隧道直径压缩。从图中可以看出,当基坑开挖深度为 3 m 时,隧道竖向压缩,水平伸长,近似成椭圆分布,最大压缩量位于隧道顶部,最大伸长量位于隧道起拱处。随着基坑开挖深度的增大,隧道变形向基坑一侧偏转,隧道衬砌最大压缩量不再位于隧道顶部,而是位于基坑顶部和靠近基坑一侧的隧道右起拱处之间,隧道最大伸长量位于隧道右起拱处和隧道底部之间,随着开挖深度的增大而逐渐向右下方偏转。从图 6-48 中可以看出,随着基坑开挖深度的逐渐增大,隧道最大伸长和最大压缩量都随着基坑开挖深度的增大而逐渐增大,但增长速率逐渐减小。当基坑开挖的深度超过隧道的底部时,隧道衬砌进一步的变形很小。原因可能是,随着基坑开挖深度的增大,应力释放量逐渐增大,如图 6-49 所示,新增加的应力释放部位离隧道越来越远,部分抵消了因开挖深度的增加而增加的应力释放量,从而导致相同的基坑开挖量引起了较小的隧道衬砌变形。

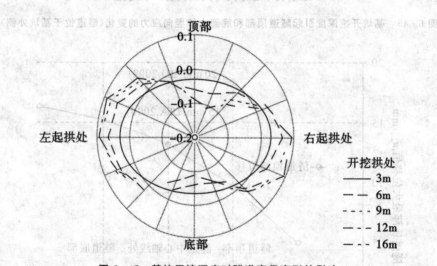

图 6-47 基坑开挖深度对隧道直径变形的影响

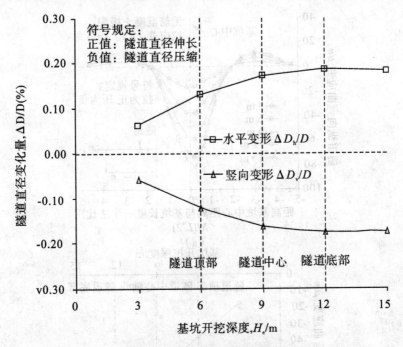

图 6-48 基坑开挖深度对隧道直径最大变形的影响

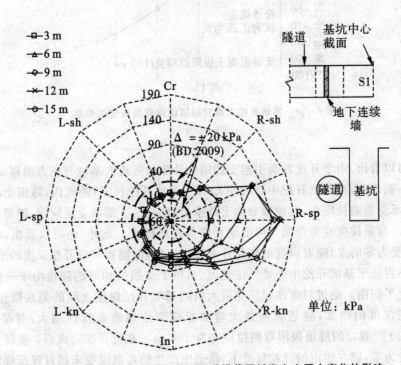

图 6-49 基坑开挖深度对作用在隧道横截面衬砌上土压力变化的影响

6.5.4.3 隧道纵向弯曲应变

图 6-50 分别为不同基坑开挖深度对隧道纵向弯曲应变分布及最大弯曲应变的影响。正值表示弯曲拉应变，负值表示弯曲压应变。

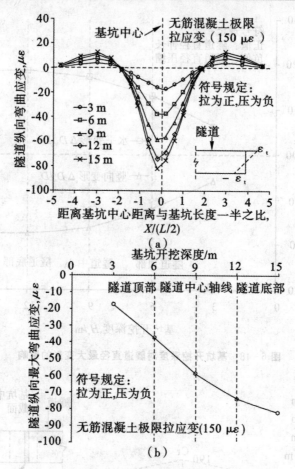

图 6-50 基坑开挖深度对隧道纵向弯曲应变的影响
(a)分布;(b)最大值

从图中可以看出,由于开挖卸荷引起支挡结构外侧的隧道向基坑开挖方向移动,隧道纵向向基坑卸荷一侧弯曲;在基坑开挖中心两侧 L(L为基坑开挖长度)距离内,隧道上部承受弯曲压应变,下部承受弯曲拉应变,其他部分为上部承受拉应变,下部承受压应变;随着基坑开挖深度的逐渐增大,弯曲拉应变和弯曲压应变绝对值都逐渐增大。此外,还可以看出,尽管不同反弯点(弯曲应变为零的点)随着深度的变化并未发生变化,但随着基坑开挖深度的增加,最大弯曲应变位置不再位于基坑开挖中心处。这是因为,位于支挡结构后的隧道由于一侧的不对称开挖卸荷产生了扭曲。通过对弯曲拉应变最大值随基坑开挖深度之间的关系拟合可以发现,随着基坑开挖深度的增加,隧道纵向最大弯曲拉应变也逐渐非线性增大,并呈递减趋势。ACI224(2001)[31]规定的隧道极限弯曲拉应变为 $150\ \mu\varepsilon$。基坑开挖完成后,假设开挖前的隧道中弯曲应变为零,则在给定的开挖尺寸下,隧道中产生的弯曲应变未超过规范规定的限值。

6.6 隧道纵向隆起归一化

从以上参数分析结果可知,当隧道位于基坑正下方时,土体的相对密实度、基坑开挖长度、基坑开挖深度对隧道纵向位移的影响较大,而支挡结构刚度、基坑开挖宽度等因素对隧道纵向位移的影响较小;当隧道位于基坑一侧时,当支挡结构刚度较大时,位于支挡结构后的隧道即使位于主要变形区,隧道纵向位移及隧道横截面衬砌变形均较小,可见支挡结构刚度对位于支挡结构外侧的隧道影响较大。考虑到在其他条件相同的情况下,位于基坑正下方的隧道纵向位移远大于位于基坑支挡结构外侧的隧道位移,因此本节仅对位于基坑正下的隧道纵向变形进行归一化拟合,而其他隧道变形特征可以类似得出。

当隧道位于基坑正下方时,隧道最大隆起值随着土体相对密实度的增大而减小,随着基坑开挖长度以及基坑开挖深度的增大而逐渐增大。因此,结合试算法,纵坐标的隧道最大隆起值分别对土体相对密实度(D_r),基坑开挖长度(L)和深度(H_e)进行归一,形式为 $u_{max}/(L^{0.9} H_e^{0.1}) \cdot D_r^{0.5}$;横坐标为 $E_T I_T/[(\gamma C) \cdot H_e^4] \cdot (B/H_e)$,其物理意义是隧道刚度和土体刚度之比,其中 $E_T I_T$ 为隧道纵向刚度,γ 为土体重度,C 为隧道埋深,B 为基坑宽度,H_e 为基坑开挖深度。

图 6-51 为隧道纵向最大隆起归一化值与隧道-土体刚度比之间的关系。从图中可以看出,隧道纵向最大隆起归一化值基本上不会随着隧道-土体刚度比的变化而变化,其值介于 0.02~0.04 之间。通过拟合可知,大部分数据位于 0.033 5 左右。因此,得到隧道纵向最大隆起与基坑开挖深度、长度以及土体相对密实度的关系为

$$100 \times u_{max}/(L^{0.9} H_e^{0.1}) \cdot D_r^{0.5} = 0.033 5 \tag{6-1}$$

即

$$\frac{u_{max}}{H_e} = \frac{3.35 \times 10^{-4}}{D_r^{0.5}} \left(\frac{L}{H_e}\right)^{0.9} \tag{6-2}$$

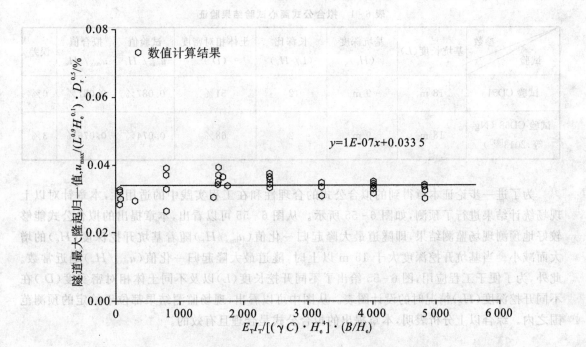

图 6-51 隧道最大隆起归一化值与隧道-土刚度比之间的关系

6.6.1 离心模型试验验证

为了初步验证该拟合公式的合理性,采用 Ng 等(2013)[63]以及本书的离心模型试验结果进行验证,见表 6-1。可见,拟合公式能够较好地预测隧道的最大隆起,预测误差较小。

6.6.2 现场试验验证

考虑到在砂土地基中邻近隧道进行基坑开挖的工程实例较少,为了进一步验证基于砂土地基得到的拟合公式是否适用于黏土或粉土地基,本书选取大量的黏土或粉土地基的工程案例进行验证(尽管这种验证存在瑕疵,但也可以为工程实践提供参考)。

姚文宏等(2013)[143]总结了大量的现场实测工程,见表 6-2。表 6-2 中收集了 9 例基坑开挖对下方盾构隧道影响的工程实例。大量的工程实测表明,当隧道位于基坑下方时,隧道向上隆起,这与本文的解析解答、离心试验以及数值模拟分析结果一致。

根据表中数据,本书进行了数据拟合分析,如图 6-52~图 6-54 所示。从图中可见,虽然基坑开挖对隧道最大隆起的影响因素很多(包括基坑尺寸、开挖面与隧道的净距、开挖时间、施工方法、施工工序以及工程加固等),然而,大量统计结果依然表明,隧道最大隆起归一化值(u_{max}/H_e)随着开挖面与隧道的净距的增大而减小,但总体变化不大(见图 6-52);隧道最大隆起(u_{max})随着基坑开挖深度(H_e)的增大而增大(见图 6-53);隧道最大隆起归一化值(u_{max}/H_e)随着基坑开挖深度(H_e)的增大而减小(见图 6-54)。

表 6-1 拟合公式离心试验结果验证

试验 \ 参数	基坑长度(L)	基坑深度(H_e)	长深比(L/H_e)	土体相对密度(D_r)	试验值 u_{max}/H_e	拟合值 u_{max}/H_e	误差
试验 CD51	18 m	9 m	2	51%	0.087%	0.087%	0%
试验 CD68(Ng 等,2013[63])	18 m	9 m	2	68%	0.074%	0.076%	3%

为了进一步论证本章得到的拟合公式的合理性和在工程实践中的适用性,本章针对以上现场统计结果进行了预测,如图 6-55 所示。从图 6-55 可以看出,本章提出的拟合公式能够较好地预测现场监测结果,即隧道最大隆起归一化值(u_{max}/H_e)随着基坑开挖深度(H_e)的增大而减小。当基坑开挖深度大于 15 m 以上时,隧道最大隆起归一化值(u_{max}/H_e)趋近常数。此外,为了便于工程应用,图 6-55 给出了不同开挖长度(L)以及不同土体相对密实度(D_r)在不同开挖深度(H_e)情况时的设计图表。从图中可以看出,现场监测结果都位于给定的预测范围之内。综合以上分析表明,本章提出的拟合公式是合理且有效的。

表 6-2 基坑开挖引起下方隧道隆起的现场监测工程[143]

工程名称	隧道与基坑相对位置	开挖面与隧道最小净距离/m	基坑开挖深度,H_e/m	隧道最大隆起/mm	土质条件（从上到下）
上海东方路立交工程[39]	地铁2号线上下行隧道分别在No.1, No.2正下方45°斜穿	2.76	6.5	No.1段上行线16.92,下行线10.12;No.2段上行线12.82,下行线12.87。最终:上行线11.56,下行线12.3	粉质黏土、粉质黏土、淤泥质粉质黏土、粉土夹粉黏、淤泥质粉质黏土、黏土
上海广场项目（塔楼、裙房）[40]	上下行线在南区基坑正下方穿过	8.3	7	隆起13.5,最终11.3;	
上海世纪大道杨高路立交工程[41]	2号线隧道从下方斜穿过	7	7.4	上下行线隆起分别为10.9,13.0	粉质黏土、淤泥质粉质黏土、砂质粉土、淤泥质粉质黏土、淤泥质黏土、粉质黏土
上海东西通道浦江段拓建工程[42]	2号线隧道从主线下方斜穿	4.0	11.0	上下行线隆起分别为14.7,12.2	黏质粉土、粉质黏土、淤泥质粉质黏土、淤泥质黏土、粉质黏土
上海东西通道浦江段拓建工程[42]	2号线隧道从右转匝道下方斜穿	2.2	7.3	上下行线隆起分别为8.6,11.6	
上海人民路越江隧道浦西岸上段基坑工程[43]	10号线隧道从下方十字交叉穿过	8.9	7.9,局部10.6	下行线最大隆起为13.26,结束时11.76	
上海地下快速交通系统东西通道浦东段隧道基坑工程[44]	地铁2号线隧道从下方45°斜穿	<4.0	10.2	上、下行线最大隆起为12.1,14.2	淤泥质粉质黏土、黏土、淤泥质黏土、粉质黏土、粉土
上海某深基坑工程[144]	地铁11号线从下方47°斜穿	4.15	7.3~8	上、下行线最大隆起为14.7,15.9	粉质黏土、淤泥质黏土、砂质粉土、淤泥质黏土
天津西站交通枢纽西青道下沉隧道工程[45]	地铁区间既有箱体从下方交叉穿过	0.3	4.75	隧道附加隆起11.3,累计隆起8.1;轨道附加隆起11.5,累计隆起11.3	粉质黏土、粉质黏土、粉质黏土、粉质黏土

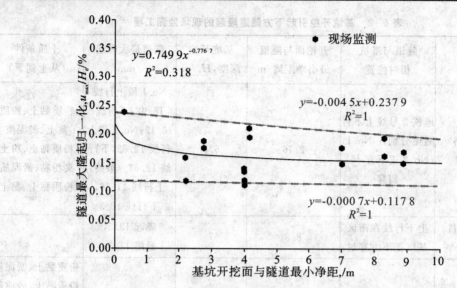

图 6-52 隧道最大隆起归一化值随着基坑开挖面与隧道最小净距的变化

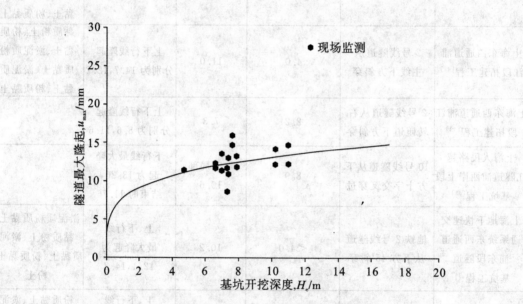

图 6-53 隧道最大隆起值随着基坑开挖深度的变化

第六章 基坑开挖卸荷对隧道变形影响的三维数值模拟分析

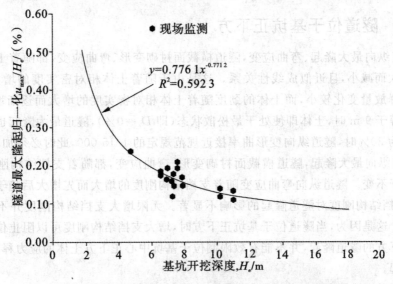

图 6-54 隧道最大隆起归一化值随着基坑开挖深度的变化

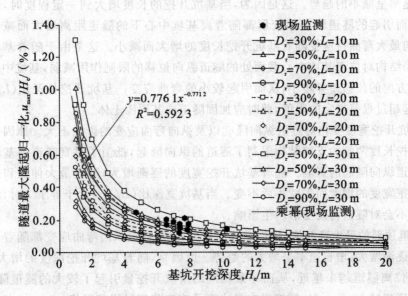

图 6-55 拟合公式的现场监测验证

6.7 本章小结

本章在数值模拟参数分析的基础上,分别分析了当隧道位于基坑正下方以及位于基坑支挡结构外侧的隧道变形特征,研究了土体的相对密实度、支挡结构的刚度、基坑开挖长度、宽度、深度以及隧道和基坑的相对位置等因素对隧道变形的影响,得到了以下结论。

6.7.1 隧道位于基坑正下方

(1) 隧道纵向最大隆起、弯曲应变，隧道横截面衬砌变形、弯曲应变，都随着土体相对密实度(D_r)的增大而减小，且近似成线性关系。这是由于随着土体相对密实度的增大，开挖卸荷引起的应力释放量变化较小，而土体的劲度随着土体相对密实度的增大而逐渐增大。基坑开挖深度小于等于 9 m 时，土体即使处于最松散状态（即 $D_r=0\%$），隧道最大隆起也不超过规范值，但当 D_r 为 30% 时，隧道纵向变形曲率接近规范规定的 1/15 000，此时必须加固土体。

(2) 隧道纵向最大隆起，隧道横截面衬砌变形、弯曲应变，都随着支挡结构刚度的增大而减小最后趋于不变。隧道纵向弯曲应变随着支挡结构刚度的增大而先增大后趋于不变。然而总体看来，支挡结构刚度对隧道隆起的影响不显著。无限增大支挡结构刚度并不能有效的减少隧道隆起。这是因为，当隧道位于基坑正下方时，增大支挡结构刚度可以阻止位于基坑两侧支挡结构正下方的隧道隆起，并不能有效限制位于基坑中心正下方土体的应力释放量，进而阻止隧道的隆起。

(3) 隧道顶部的最大隆起值，隧道横截面衬砌变形，都随着基坑开挖长度的增大而逐渐增大，但增长速率呈减小的趋势。这是因为，当基坑开挖的长度增大到一定程度时，因基坑开挖长度的增长而引起的隧道隆起和变形都随着离基坑中心下的隧道距离增大而减少。总体来说，隧道纵向最大弯曲拉应变随着基坑开挖长度的增大而减小。这是由于随着基坑开挖长度的增大，支挡结构对位于基坑中心截面处的隧道纵向位移的限制作用减弱，基坑中心处附近隧道沿其长度方向的位移差异较小，从而引起较小的弯曲应变。基坑开挖长深比(L/H_e)大于 4 时，隧道隆起超过规范规定的限值，此时应加固隧道或其周围土体。

(4) 基坑开挖宽度变化对隧道纵向隆起以及纵向弯曲应变的影响不大。原因是平行于隧道的基坑开挖长度两侧的支挡结构限制了隧道的纵向隆起，抵消了垂直隧道的基坑开挖宽度的变化对隧道纵向隆起的影响。随着基坑开挖宽度的逐渐增大，隧道最大伸长和最大压缩都随着基坑开挖宽度的增大而先减小后不变。当基坑宽深比(B/H_e)大于等于 3 时，增大基坑开挖宽度基本不会对隧道衬砌变形产生影响。

(5) 隧道顶部的最大隆起值，隧道横截面衬砌变形，隧道纵向弯曲应变都随着基坑开挖深度的增大而逐渐增大，增长速率呈增大的趋势。原因是，随着基坑开挖深度的增大，新增加的应力释放部位离隧道越来越近，从而导致相同的基坑开挖量引起了较大的隧道隆起和变形。基坑开挖深度超过 16.6 m 时，隧道纵向最大弯曲应变将超过规范限值。

(6) 基坑开挖三维尺寸效应明显。隧道纵向的最大隆起随着基坑开挖长深比(L/H_e)的增大而逐渐增大，随着基坑开挖长宽比(L/B)的增大而先增大后减小。当基坑开挖长宽比(L/B)是长深比(L/H_e)的一半时（即 $B/H_e=2$），隧道顶部的隆起值最大。因此，当基坑宽深比为 2 时，应重点关注此时的隧道隆起防止超过规范限值。

(7) 在参数分析的基础上，考虑各因素对隧道纵向隆起的影响程度，根据数值模拟结果，拟合得到了计算隧道隆起最大值的近似公式(6-2)。通过离心模型试验以及现场监测结果验证表明，该拟合公式能够较好地预测隧道隆起的最大值。

6.7.2 隧道位于基坑外侧

(1) 当隧道位于基坑支挡结构外侧基坑开挖深度以下时（$C/D=2$），隧道顶部发生沉降，最大沉降值随着土体密度的增大而呈近似线性减小,随着支挡结构刚度的增大先增大后减小最后趋于不变。然而,必须注意,无论是变化土体密度还是变化支挡结构刚度,隧道的纵向沉降都较小。原因是隧道位于支挡结构后土体的主要变形区以外。可以得出,当隧道位于基坑外侧基坑坑底以下时,基坑开挖卸荷对隧道变形的影响较小。

(2) 当隧道位于基坑支挡结构外侧基坑开挖深度以上时($C/D=1$),隧道顶部纵向最大位移值与纵向竖向弯曲应变都随着土体相对密实度的增大而减小,近似成线性关系。对位于基坑外的隧道横截面的衬砌变形,由于支挡结构的屏蔽作用较大,土体相对密实度的变化对位于基坑外的隧道衬砌变形影响不大。当土体的相对密实度小于30%且基坑开挖深度大于隧道埋深时,隧道最大隆起都大于规范规定的15 mm限值,在工程实践中需要重点关注。

(3) 当隧道位于基坑支挡结构外侧基坑开挖深度以上时($C/D=1$),支挡结构刚度的变化对隧道纵向位移、横截面变形以及纵向弯曲应变的影响都较显著。当支挡结构刚度较小时($E_w I_w = 79$ MN·m),隧道沉降值会超过规范规定的限值;当支挡结构的刚度增大到2.52×10^3 MN·m,隧道最大位移减小为基坑开挖深度的0.02%,隧道衬砌最大变形为0.03%D(D为隧道直径),隧道极限弯曲拉应变低于10 $\mu\varepsilon$,都远低于规范规定的限值。可见,增大支挡结构刚度可以有效地减小挡墙后的隧道的位移和变形。

(4) 当隧道位于基坑支挡结构外侧基坑开挖深度以上时($C/D=1$),隧道顶部的最大隆起值,隧道横截面衬砌变形和隧道纵向弯曲应变都随着基坑开挖深度的增大而逐渐增大,增长速率呈减小的趋势。这是由于,当隧道位于基坑一侧时,随着基坑开挖深度的增大,应力释放量增大,但因深度的增加而增加的应力释放部位离隧道位置越来越远,抵消了部分应力释放量,从而导致基坑开挖深度对隧道位移的影响呈逐渐递减的规律。研究结果表明,当支挡结构(钢板桩墙)刚度$E_w I_w$等于79 MN·m,基坑开挖深度不得大于12 m(即超过隧道底部);当支挡结构(地下连续墙)刚度$E_w I_w$大于等于2 520 MN·m,隧道位移远低于规范限值,不需限制基坑开挖深度。

第 7 章 结论与展望

7.1 总 结

基坑开挖引起隧道的变形问题是岩土工程中复杂而又十分重要的问题。正确预测隧道的变形是确保工程安全以及人民生命财产安全的必要手段。本书在解析解答、离心模型试验以及数值模拟的基础上,研究了基坑开挖引起隧道变形的预测方法、变形规律以及变形机理。相关内容发表在文献[156-159]上。研究成果对提高隧道变形预测手段、掌握隧道变形规律、加深理解隧道变形的原因等方面做了深入的阐述。基于以上研究,本书得出的结论如下:

(1)在 Mindlin 位移解答的基础上,构建了直接求解由于基坑开挖卸荷引起隧道位移的三维解析模型,该解答不仅可以考虑基坑底部的竖向应力释放对周围地基变形的影响,而且可以考虑基坑侧壁的水平应力释放引起的地基变形。通过对比现场监测结果、数值模拟结果以及离心模型试验结果验证了解答的合理性和实用性,并指出了局限性。此外,开展参数分析研究了基坑开挖的尺寸(长度、宽度、深度)、隧道与基坑的水平距离、隧道埋深、土体的弹性模量等因素对隧道位移的影响,为后续的离心模型试验以及数值模拟提供了理论基础和方案依据。结果表明,本书提出的三维解析模型能够较好地预测开挖卸荷引起隧道的最大竖向位移,隧道位移变化趋势。由于计算的简便性,可以用来初步评估隧道的纵向位移。

(2)首次开展离心模型试验研究了土体相对密实度和支挡结构的刚度对基坑开挖引起隧道变形规律的影响,采用能够反映土体应力和应变依赖尤其是小应变特性的高级本构模型开展了有限元分析,分析了变形机理。研究表明,当隧道位于基坑中心正下方时,基坑开挖卸荷引起隧道向上隆起。隧道隆起服从高斯分布。离心模型试验和数值模拟结果都表明,隧道隆起值随着土体相对密实度的增大而减少。当土体的相对密实度从 68% 减少到 51%,离心模型试验得到的隧道纵向隆起增加了 18%。这是由于,当土体的相对密实度从 68% 减少到 51%,隧道顶部的应力变化量较小(小于 1%),而隧道顶部周围土体的劲度减少了 30% 左右,从而引起隧道隆起的增大。基坑开挖深度等于 9 m,土体相对密实度 D_r 等于 30% 时,隧道纵向变形曲率接近规范规定的 1/15 000。

(3)基坑开挖卸荷引起隧道顶部土体较大的应力释放量和隧道左右起拱处较小的水平应力释放量,从而导致位于基坑正下方的隧道竖向伸长,水平压缩。当土体的相对密实度从 68% 减少到 51% 时,位于基坑中心的隧道横截面上的隧道衬砌最大变形和弯曲应变增大量为

20%左右。这是因为当隧道周围土体的相对密实度减少时,隧道周围土体的应力释放量变化较小,而土体的劲度变化较大。较大的土体劲度阻止了隧道的进一步变形,从而引起较小的隧道衬砌变形。试验和数值模拟得到的隧道衬砌变形均未超过规范规定的限值。

(4)当隧道位于基坑中心正下方时,隧道向上隆起,从而导致隧道纵向向上弯曲。隧道纵向弯曲应变沿基坑中心呈对称分布,拉应变范围为1.6倍的基坑开挖长度,主要位于基坑开挖区域。当土体的相对密实度从68%减少到51%时,隧道纵截面最大弯曲应变增加了15%。数值模拟和离心模型试验结果都表明,增大土体密度可以有效减少隧道的弯曲应变。这是由于随着土体相对密实度的增大,土体的劲度随之增大,土体抵抗弯曲变形的能力增大,而土体的应力释放量变化不大,从而引起了较小的弯曲应变。隧道中产生的最大附加弯曲应变为130 $\mu\varepsilon$,因此基坑开挖前隧道中既有的纵向弯曲应变应控制在20 $\mu\varepsilon$以内,否则隧道会产生裂缝,影响运行安全。

(5)当隧道位于基坑中心时,隧道顶部的最大隆起值,隧道横截面衬砌变形,都随着基坑开挖长度的增大而逐渐增大,但增长速率呈减小的趋势。这是因为,当基坑开挖的长度增大到一定程度时,因基坑开挖长度的增长而引起的隧道隆起和变形都随着离基坑中心下的隧道距离增大而减少。总体来说,隧道纵向最大弯曲拉应变随着基坑开挖长度的增大而减小。这是由于随着基坑开挖长度的增大,支挡结构对位于基坑中心截面处的隧道纵向位移的限制作用减弱,基坑中心处附近隧道沿其长度方向的位移差异较小,从而引起较小的弯曲应变。基坑开挖长深比(L/H_e)大于4时,隧道隆起超过规范规定的限值。

(6)当隧道位于基坑中心时,基坑开挖宽度变化对隧道纵向隆起以及纵向弯曲应变的影响不大。原因是平行隧道的基坑开挖长度两侧的支挡结构限制了隧道的纵向隆起,抵消了垂直隧道的基坑开挖宽度的变化对隧道纵向隆起的影响。随着基坑开挖宽度的逐渐增大,隧道最大伸长和最大压缩都随着基坑开挖宽度的增大而先减小后不变。当基坑宽深比(B/H_e)大于等于3时,增大基坑开挖宽度基本不会对隧道衬砌变形产生影响。

(7)当隧道位于基坑中心时,隧道顶部的最大隆起值,隧道横截面衬砌变形,隧道纵向弯曲应变都随着基坑开挖深度的增大而逐渐增大,增长速率呈增大的趋势。原因是,随着基坑开挖深度的增大,新增加的应力释放部位离隧道越来越近,从而导致相同的基坑开挖量引起了较大的隧道隆起和变形。当基坑开挖深度超过16.6 m时,隧道纵向最大弯曲应变超过规范限值。

(8)基坑开挖三维尺寸效应明显。隧道纵向的最大隆起随着基坑开挖长深比(L/H_e)的增大而逐渐增大,随着基坑开挖长宽比(L/B)的增大而先增大后减小。当基坑开挖长宽比(L/B)是长深比(L/H_e)的一半时(即$B/H_e=2$),隧道顶部的隆起值最大,此时应加强监测,重点关注。

(9)在参数分析的基础上,考虑各因素对隧道纵向隆起的影响程度,根据数值模拟结果,拟合得到了计算隧道隆起最大值的近似公式(6-2)。通过离心模型试验以及现场监测结果验证表明,该拟合公式能够较好的预测隧道隆起的最大值。

(10)当隧道位于支挡结构外侧基坑开挖深度以下时($C/D=2$),基坑开挖卸荷导致隧道沉降,从而引起隧道向下弯曲。随着支挡结构刚度的减少(即从地下连续墙变为刚板桩墙,钢板桩墙的刚度约为支挡结构刚度的1/32),隧道纵向最大沉降和最大弯曲应变分别减少了22%和58%。这是因为,较大的支挡结构刚度能够减少挡墙后土体的应力变化从而引起较小的隧道变形和弯曲应变。由于应力释放的不对称性,位于支挡结构外侧的隧道变形发生了扭曲,即变形方向朝向基坑开挖一侧。采用钢板桩墙得到的隧道横截面最大弯曲应变是采用地下连续墙得到的相应值的2倍。这是由于较大的支挡结构刚度限制了支挡结构后土体的应力释放，从而阻止了隧道衬砌较大的变形。

(11) 当隧道位于基坑支挡结构外侧基坑开挖深度以下时($C/D=2$)，隧道顶部发生沉降，最大沉降值随着土体密度的增大而呈近似线性减小，随着支挡结构刚度的增大先增大后减小最后趋于不变。然而必须注意到，无论是变化土体密度还是变化支挡结构刚度，隧道的纵向沉降都较小。原因是隧道位于支挡结构后土体的主要变形区以外。可以得出，当隧道位于基坑外侧基坑坑底以下时，基坑开挖卸荷对隧道变形的影响较小。

(12) 当隧道位于基坑支挡结构外侧基坑开挖深度以上时($C/D=1$)，隧道顶部纵向最大位移值与纵向竖向弯曲应变都随着土体相对密实度的增大而减小，近似成线性关系。对位于基坑中心处挡墙外的隧道横截面的衬砌变形，由于支挡结构的屏蔽作用较大，土体相对密实度的变化对位于基坑外的隧道衬砌变形影响不大。当土体的相对密实度小于30%且基坑开挖深度大于隧道埋深时，隧道最大隆起都大于规范规定的15 mm限值，在工程实践中需要重点关注。

(13) 当隧道位于基坑支挡结构外侧基坑开挖深度以上时($C/D=1$)，支挡结构刚度的变化对隧道纵向位移、横截面变形以及纵向弯曲应变的影响都较显著。当支挡结构刚度较小时（如当钢板桩墙的刚度为$E_w I_w = 79$ MN·m），隧道沉降值会超过规范规定的限值；当支挡结构的刚度增大到2.52×10^3 MN·m（支挡结构为地下连续墙时），隧道最大位移减小为基坑开挖深度的0.02%，隧道衬砌最大变形为$0.03\% D$（D为隧道直径），隧道极限弯曲拉应变低于10 $\mu\varepsilon$，都远低于规范规定的限值。可见，增大支挡结构刚度可以有效的减小挡墙后的隧道的位移和变形。

(14) 当隧道位于基坑支挡结构外侧基坑开挖深度以上时($C/D=1$)，隧道顶部的最大隆起值，隧道横截面衬砌变形和隧道纵向弯曲应变都随着基坑开挖深度的增大而逐渐增大，增长速率呈减小的趋势。这是由于，当隧道位于基坑一侧时，随着基坑开挖深度的增大，应力释放量增大，但因深度的增加而增加的应力释放部位离隧道位置越来越远，抵消了部分应力释放量，从而导致基坑开挖深度对隧道位移的影响呈逐渐递减的规律。研究结果表明，当支挡结构刚度$E_w I_w$等于79 MN·m（如钢板桩墙），基坑开挖深度不得大于12 m（即超过隧道底部）；当支挡结构刚度$E_w I_w$大于等于2 520 MN·m（如地下连续墙），隧道位移远低于规范限值，不需限制基坑开挖深度。

7.2 展　望

由于作者能力水平和时间的有限，本书尚多有不足之处。望各位读者批评指正。同时，结合本书得到的成果，关于基坑开挖对隧道变形的影响这一课题，在以下几个方面还有待进一步的研究。

(1) 本书提出的解析解答没有考虑隧道的刚度，对考虑隧道刚度的解析解答有待进一步研究。

(2) 本书开展的离心模型试验都是基于干砂试样，对于黏土中的离心模型试验有待进一步研究,研究重点可以涉及基坑开挖引起隧道变形的长期效应。此外,实际工程中的隧道大多由管片拼接而成,尚应考虑隧道管片接头的影响,以便更准确地反映隧道实际变形。

(3) 本书主要研究了土体的相对密实度、支挡结构的刚度、基坑开挖的尺寸、隧道与基坑的相对位置、隧道埋深等因素对基坑开挖引起隧道变形的影响。对于隧道螺栓、基坑支撑刚度、基坑开挖顺序、基坑加固方法、渗流、地震以及爆炸等重要因素,还缺乏研究。

(4) 本书的研究主要基于理想化的情况(如均质地基,基坑底部不设置抗拔桩,不考虑隧道的管片节点等),这样便于定量研究相关物理量对基坑开挖卸荷引起隧道位移的影响,从而为工程实践提供依据。然而,考虑到工程实践中存在着复杂的工程地质和水文地质条件以及大量工程加固的情况,对相关问题仍需要进一步研究。

附录 三种不同土体本构模型对基坑开挖卸荷引起隧道变形问题的预测能力研究

A.1 概述

在基坑开挖的设计和施工过程中,如何保证周围地下建筑物尤其是地铁隧道的安全和正常使用具有很大的挑战性。基坑开挖卸荷引起应力释放,导致隧道产生附加应力和变形,严重的会引起隧道破坏。因此,正确预测和评价基坑开挖卸荷引起隧道附加应力和变形是非常重要的岩土工程课题。有限元方法作为一种常用的手段,在预测基坑开挖与隧道的相互作用过程中,得到了广泛的应用(Lo & Ramsay, 1991[37]; Dolezalova, 2001[57]; Sharma et al., 2001[46]; Zheng & Wei, 2008[75]; Huang et al., 2013[62]; Ng et al., 2013[63])。然而,选取能够模拟土体基本行为的本构模型是合理预测的关键。

土体最基本的行为之一就是土体的小应变特性,即土体的劲度随着应变(包括小应变)的增大而减小(Seed & Idriss, 1970[89]; Iwasaki et al., 1978[90]; Simpson, 1992[91]; Mair, 1993[92]; Jovicic & Coop, 1997[93]; Oztoprak & Bolton, 2013[94])。当结构周围的土体应变增大到一定程度时,就不能将应变视为常数,否则将会得到不合理的结果(Jardine et al., 1986[95]; Ng & Lings, 1995[96]; Addenbrooke et al., 1997[97]; Hejazi et al., 2008[98]; Masin 2009[99]; Svoboda et al., 2010[100])。

在基坑开挖引起隧道变形的研究中,目前采用的本构模型主要有 Mohr-Coulomb 模型(e.g. Lo & Ramsay, 1991[37]; Dolezalova, 2001[57]; Sharma et al., 2001[46]), Modified Cam-clay 模型(e.g. Zheng & Wei, 2008[75]), Hardening Soil 模型(e.g. Huang et al., 2013[62]),以及 Hypoplastic 模型(e.g. Ng et al., 2013[63])。可见,采用 Mohr-Coulomb 模

型(MC)的情况较多。那么,简单的弹塑性本构模型(如 MC 模型)预测基坑开挖引起隧道变形的能力到底如何？能够考虑土体的应力以及应变路径依赖性的高级本构模型(如 Hypoplastic 模型)预测能力是否完全准确？不同本构模型对于同一问题的预测能力对比如何？工程师在工程设计和施工过程中如何选择正确的本构模型？

针对以上问题,本章以基坑开挖对隧道影响的离心模型试验(Ng et al., 2013)[63]为基础,采用三种不同预测能力的本构模型模拟离心模型试验,结合规范对隧道变形的要求,评估不同本构模型在基坑开挖引起隧道变形中的预测能力,以便工程师在工程设计和施工中参考。这三种本构模型分别是理想弹塑性模型 Mohr-Coulomb 模型(MC),能够考虑反映土体非线性弹性的 Duncan-Chang 模型(DC),以及能够反映土体的应变以及应力路径依赖性的高级本构模型 Hypoplastic 模型(HP)。研究结果主要包括工程师关注的基坑坑底隆起、隧道纵向隆起及隆起梯度、隧道横截面衬砌变形、隧道横向及纵向弯曲应变。

A.2　离心模型试验描述

本书数值模拟的离心模型试验是由 Ng et al.(2013)[63]开展的试验 C,即隧道位于基坑中心正下方的情况。该离心模型试验是在香港科技大学离心机上开展的(Ng et al., 2001, Ng et al., 2002)[118~119]。模型箱长宽高分别是 1 245 mm,990 mm 和 850 mm。离心试验加速度 60 g。基坑开挖长宽深分别为 300 mm,300 mm 和 150 mm(原型尺寸分别为 18 m,18 m 和 9 m)。支挡结构的深度和厚度分别为 255 mm 和 12.7 mm。试样采用 Toyoura sand 通过砂雨法制备。密度为 1 542 kg/m³,相对密度为 68%。位移传感器(LVDT)用来测量基坑坑底隆起、隧道位移；电位计用来测量隧道衬砌直径变化；采用应变计测量隧道的横向和纵向弯曲应变。基坑开挖采用排出重液法进行模拟,开挖深度采用孔压计进行控制。基坑开挖分三步进行,每步开挖 3 m。离心模型试验详细过程可参见 Ng et al.(2013)[63]或本书第 3 章。

A.3　有限元模拟

A.3.1　有限元网格及边界条件

图 A-1 所示为本节采用的有限元模型。网格长宽高根据离心模型试验分别为 1 200 mm×990 mm×750 mm。模型竖向边界及模型底部都采用 pin 约束,从而保证模型侧面可以考虑土体与模型箱之间的摩擦,模型底部不发生移动。土体和支挡结构都采用八节点线性实体单元(C3D8)模拟；隧道采用壳体单元(S4)模拟。通过参数分析表明,采用以上方法计算速度快,模型容易收敛,计算结果较合理。在支挡结构与土体及隧道结构与土体之间设置接触面。接触面为基于库伦摩擦理论定义的无厚度接触面。描述该接触面的两个参数分别是土与结构之间的摩擦系数(μ)以及极限相对滑移(γ_{lim})。摩擦系数(μ)通过 $\mu=\tan\delta$ 求得,其中 δ 是摩擦角,取值 20°(也就是土体临界摩擦角的 2/3),极限相对滑移取值为 5 mm。

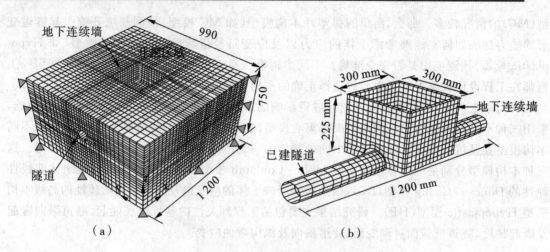

图 A-1 有限元模型
(a)Abaqus 有限元模型；(b)隧道和地下连续墙

A.3.2 本构模型及模型参数

A.3.2.1 Mohr-Coulomb 模型

理想弹塑性本构模型 Mohr-Coulomb 模型（MC 模型）需要 5 个参数来描述土体的力学行为：基于 Hook 定律的弹性模量 E，泊松比 ν；土体强度参数摩擦角 φ 和黏聚力 c 以及土体剪胀角 Ψ。

隧道轴线处的竖向应力为 231 kPa。根据 Bolton (1986)[145]的研究，剪胀角可根据下式计算为 $6°$：

$$\Psi = 3[D_r(10-\ln p')-1] \tag{A-1}$$

其中，D_r 为砂土的相对密实度，p' 为有效应力。

根据 Herle & Gudehus (1999)[137]的标定结果，丰浦砂的临界摩擦角 φ_{cr} 为 $30°$。Bolton (1986)[145]给出了临界摩擦角 φ_{cr} 和峰值摩擦角 φ_p 之间的关系如下：

$$\varphi_p = \varphi_{cr} + 0.8\Psi \tag{A-2}$$

可知，峰值摩擦角 φ_p 为 $35°$。

为了得到收敛的数值模拟结果，设置黏聚力 c 为 2 kPa (ABAQUS, Inc., 2006)[101]。弹性模量可从丰浦砂的劲度-应变曲线(Iwasaki et al., 1978)[90]获得，如图 A-2 所示。Mair (1993)[92]指出，隧道周围土体的应变范围为 0.03% 到 1%。根据劲度-应变曲线，土体的剪切模量分别 83 MPa 和 7 MPa，如图 A-2 所示。于是，剪切模量取平均值为 45 MPa。考虑到丰浦砂的泊松比为 0.3 (Zhang et al., 2010)[146]，得到土体的杨氏模量为 117 MPa。

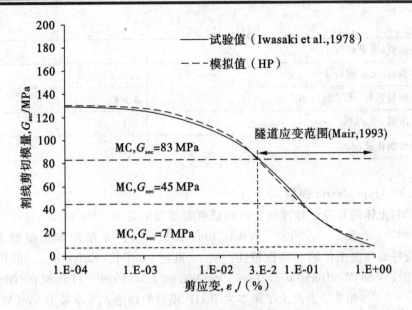

图 A-2 丰浦砂劲度-应变曲线标定

A.3.2.2 Duncan-Chang 模型

Duncan-Chang 模型（DC 模型）是一种非线性弹性模型，也叫双曲模型（Duncan & Chang, 1970）[106]。它能够考虑土体的劲度随应变的变化。本书采用的 DC 模型基于 Euler 积分算法，共包含 11 个参数，它们分别是（$K, n, R_f, c, \varphi_0, G, D, F, K_{ur}, p_a$ 和 $\Delta\varphi$）。读者可参考 Duncan & Chang (1970)[106] 和 Kulhawy & Duncan (1972)[147] 以明确各个参数的物理意义。所有参数可根据常规三轴试验，由应力-应变曲线以及水平应变-垂直应变关系确定。针对丰浦砂，摩擦角和粘聚力都与 MC 模型参数相同。大气压力 p_a 取值 101 kPa。参数 K 和 n 可以通过三轴试验获得的应力-应变曲线（$(\sigma_1-\sigma_3)-\varepsilon_a$）得到（Maeda & Miura, 1999）[148]。卸荷再加载模量系数 K_{ur} 通常是初始切线模量 K 的 2～3 倍（Duncan & Chang, 1970）[106]。无量纲参数 G, D 和 F 可基于 Maeda & Miura (1999)[148] 开展的三轴试验通过轴向应变和水平应变的关系（$\varepsilon_a-\varepsilon_r$）得到。根据 Duncan & Chang (1970)[106]，R_f 范围为 0.75 到 1。为计算简便，此处选为 0.8。DC 模型采用的所有参数见表 A-1。

表 A-1 Duncan-Chang 模型的参数

初始模量系数（无量纲），K	1 584
无量纲幂次（无量纲），n	0.5
破坏比，R_f	0.8
粘聚力，c/kPa	2
摩擦角，φ_0	35°
材料参数（无量纲），G	0.3

续表

材料参数(无量纲),D	27.9
材料参数(无量纲),F	0.034
回弹模量系数(无量纲),K_{ur}	3 168
大气压强,p_a/kPa	101
摩擦角变化量,$\Delta\varphi$	0

A.3.2.3 Hypoplastic 模型

众所周知,土体的非线性对预测变形问题有着显著的影响(Ng et al.,1995[96];Powrie et al.,1998[149];Atkinson,2000[135];Clayton,2011[150])。亚塑性本构模型 Hypoplastic (HP)能够较好地预测土体的非线性特性。从 20 世纪 90 年代(Kolymbas,1991[127];Gudehus,1996[129];Von Wolffersdorff,1996[131];Wu et al.,1996[151])到现在(Masin,2012;2013;2014)[152~154],相关学者提出了很多关于 HP 模型的理论。本章采用 Von Wolffersdorff (1996)[131]提出的能够较好模拟土体性质的 HP 模型。该模型的程序包可从网站上直接下载 (Gudehus et al.,2008)[155]。该模型共需要 8 个基本参数(φ'_c,h_s,n,e_{d0},e_{c0},e_{i0},α 和 β)以及 5 个描述颗粒间应变的参数(m_T,m_R,R,β_r 和 χ)。Herle & Gudehus (1999)[137]通过一系列实验标定了亚塑性本构模型的基本参数(φ'_c,h_s,n,e_{d0},e_{c0},e_{i0},α 和 β)。这些实验包括测定临界状态摩擦角 φ_c 的自然休止角实验,针对初始松散土的固结试验(可直接测定 h_s,n,e_{i0} 以及间接测定 e_{d0},e_{c0}),针对初始密实土的三轴剪切实验(α 和 β)。另外 5 个描述颗粒间应变的参数(m_T,m_R,R,β_r 和 χ)可以通过三轴试验和弯曲元试验进行标定。针对本章的参数,(φ'_c,h_s,n,e_{d0},e_{c0},e_{i0})等,采用 Herle & Gudehus (1999)[137]标定的结果;α 和 β 通过 Maeda & Miura (1999)[148]开展的三轴试验标定;另外 5 个参数(m_T,m_R,R,β_r & χ)通过丰浦砂的劲度-应变曲线标定(Iwasaki et al.,1978)[90],如图 A-2 所示。得到的参数总结于表 A-2 中。

表 A-2 亚塑性模型参数

临界摩擦角,φ_c	30°
颗粒硬度,h_s,控制 $e-\ln p$ 曲线的斜率/GPa	2.6
指数 n,控制 $e-\ln p$ 曲线的曲率	0.27
平均压力 $p_s=0$ 时的最小孔隙比,e_{d0}	0.61
平均压力 $p_s=0$ 时的临界孔隙比,e_{c0}	0.98
平均压力 $p_s=0$ 时的最大孔隙比,e_{i0}	1.10
指数 α,反映峰值强度对相对密度的依赖性	0.14
指数 β,反映土体刚度对相对密度的依赖性	3
控制初始加载及应变路径 180°反转时的初始刚度的参数,m_R	5.5
控制应变路径 90°反转时的初始刚度的参数,m_T	2.75

续表

应变空间中弹性范围的大小，R	3×10^{-5}
控制刚度随应变变化的减少率的参数 β_r	0.08
控制刚度随应变变化的减少速率的参数 χ	1.0
静止土压力系数 K_0	0.5

A.3.2.4 模型参数标定

考虑到以上参数是基于不同的试验获得的，为了验证参数是否等价，本节针对同一个三轴试验(Maeda & Miura, 1999)[148]进行了模拟和标定，如图 A-3 所示。如图 A-3(a)所示为不同本构模型预测得到的应力-应变关系曲线。如图 A-3(b)所示为不同本构模型预测的杨氏模量-应变关系曲线。从图中可以看出，三组参数都能较一致地模拟三轴试验结果。最大的不同在于对应变小于 0.1% 时的模拟，这是由于不同本构模型的理论框架不同。

通过基于三轴试验进行的大量标定，最终确定了每个本构模型中丰浦砂的参数。此外，在离心模型试验中，隧道和支挡结构都采用铝合金制作，可视为弹性材料，数值模拟中都采用线弹性模型模拟，弹性模量和泊松比分别取值 70 GPa 和 0.2。

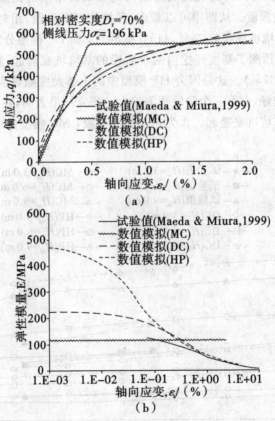

图 A-3　丰浦砂劲度-应变曲线标定
(a)应力-应变关系曲线；(b)弹性模量-应变关系曲线.

A.3.3 有限元模拟过程

有限元模拟进程与离心模型试验过程基本相同,不同点在于离心模型试验通过排出重液的方法模拟开挖,而有限元模拟采用逐步卸荷的方法模拟开挖。具体模拟进程如下:

首先,在 1 g 条件下建立土体的初始应力场,土压力系数 K_0 取为 0.5。对于离心模型试验中的重液,在有限元模拟中通过施加相等荷载的方式进行模拟($K_0=1$),即在基坑周围及底部分别施加荷载。

然后,逐步升高重力加速度,直到 60 g,在基坑周围及底部也相应地增大荷载。

最后,离心加速度达到 60 g 并稳定一段时间后,逐渐减少基坑周围的荷载模拟开挖过程。开挖分三步完成,每步开挖 3 m。

A.4 数值模拟结果对比

A.4.1 基坑坑底隆起

图 A-4 为数值模拟得到的基坑坑底隆起与离心试验结果对比图。H_{ec} 指目前的开挖深度,H_e 为基坑最后开挖深度。从图中可以看出,开挖的三个阶段,相对于离心模型试验结果,MC 模型分别高估了基坑坑底隆起 75%,41% 和 54%,而 DC 模型分别低估了 28%,42% 和 37%。HP 模型较好地预测了基坑开挖前两个阶段的基坑坑底隆起,然而在第三阶段高估了基坑坑底隆起(高估了 37%)。这是因为 HP 模型中的土体劲度随着应变的增大而减小,从而导致前两个阶段预测较好,而第三个阶段预测偏大。研究结果表明,在这三个本构模型中,HP 模型能够较好的预测基坑坑底隆起。作为初步预测手段,MC 模型也可以采用。

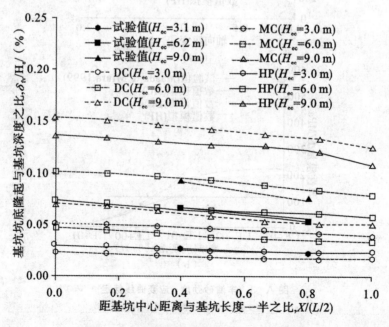

图 A-4 试验和数值得到的基坑坑底隆起

A.4.2 隧道纵向隆起及隆起梯度

图 A-5 为数值模拟得到的隧道纵向隆起及梯度与离心试验结果对比图。从图中可以看出,对比离心模型试验结果,在开挖的第一个阶段(基坑开挖深度 3 m 时),MC 模型高估了隧道纵向隆起 58%,而 DC 和 HP 模型分别低估了 30% 和 2%。注意到,在距离基坑中心 1.15 倍的基坑开挖长度处,MC 和 DC 模型都高估了离心试验结果。随着开挖的进行(基坑开挖深度 6 m 时),MC 和 HP 模型分别高估了隧道最大隆起 42% 和 4%,而 DC 模型低估了 35%。然而,在距离支挡结构较远处,MC 和 DC 模型依然高估了隧道的纵向隆起。这表明,采用 MC 和 DC 模型预测远离基坑中心的隧道隆起是不准确的。基坑开挖完成后,MC 模型高估了位于基坑正下方的隧道隆起(46%),同时也高估了远离支挡结构的隧道隆起;DC 模型低估了位于基坑正下方的隧道隆起(33%)却高估了远离支挡结构的隧道隆起。HP 模型高估了隧道最大隆起 19%,同时也以近似比例预测了位于支挡结构后隧道的纵向隆起。通过分析可见,HP 模型能够较好的预测隧道的纵向最大隆起。这表明了,考虑土体的小应变特性的重要性。

为了更好地描述隧道隆起沿纵向的分布,图 A-5(b)给出了隧道纵向隆起梯度。从图中可以看出,隧道隆起梯度绝对值随着距基坑中心的距离增大而增大,至支挡结构处达到最大值,之后逐渐减小。在工程实践中,应当加强对位于支挡结构正下方隧道的保护。从图 A-5(b)中可以发现,HP 模型能够较好地预测试验得到的隧道纵向隆起梯度。此外,还可以看出,MC 模型也能够合理的预测隧道的纵向隆起梯度。原因可能是 MC 模型不仅高估了位于基坑中心正下方隧道的隆起,也同样高估了支挡结构外侧隧道的纵向隆起。DC 模型严重低估了隧道的隆起梯度,不宜用来评估隧道的隆起梯度。

从以上分析可见,HP 模型能够较好的预测隧道的最大隆起和隆起梯度。原因在于,HP 模型能够同时考虑土体的应力以及应变路径依赖特性(即使在小应变的情况下),而 MC 和 DC 模型无法做到这一点。根据新加坡陆路交通管理局的规定(Land Transport Authority of Singapore,2000)[32],隧道隆起最大允许值为 15 mm(即图 A-5 中的 0.17% H_e),可见试验和数值模拟最大值均在规范允许值范围内。从以上分析可知,在工程实践中,若采用 MC 的结果(严重高估了隧道隆起),则需要加固隧道或周围土体;若采用 DC 模型(严重低估了隧道隆起),基坑开挖容易导致隧道隆起超限乃至破坏。

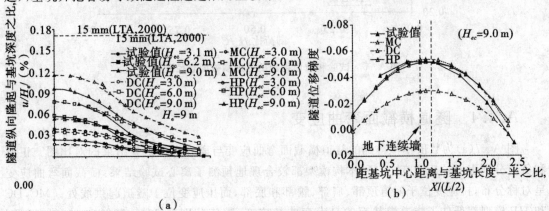

图 A-5 试验和数值得到的隧道
(a)纵向隆起;(b)隆起梯度

A.4.3 隧道横截面衬砌直径变形

图 A-6 为数值模拟得到的隧道衬砌变形（D）与离心模型试验结果的对比图。横坐标为卸荷比（H_{ec}/C），即基坑开挖深度（H_{ec}）与隧道埋深之比（C）；纵坐标为隧道衬砌直径的变化。正值和负值分别表示隧道衬砌的伸长（ΔD_V）和压缩（ΔD_H）。从图中可以看出，随着卸荷比的增大，三种本构模型预测得到的隧道衬砌最大伸长和最大压缩都逐渐增大。HP 模型预测得到的隧道衬砌直径变化相对 MC 和 DC 预测的结果较好。然而，三种本构模型都严重低估了隧道横截面的衬砌变形（MC，DC，HP 分别低估了 34%，66%，25%）。根据英国隧道工程协会（British Tunnelling Society，2000）[30] 的规定，隧道衬砌直径的最大变形（$(\Delta D_V + \Delta D_H)/D$）不应超过 2%。可见，本次研究中的隧道变形均没有超过规定的要求。然而，必须注意到，由于三种本构模型均低估了隧道横截面的衬砌变形，在工程实践的运用中，可能会得到偏于危险的预测结果。

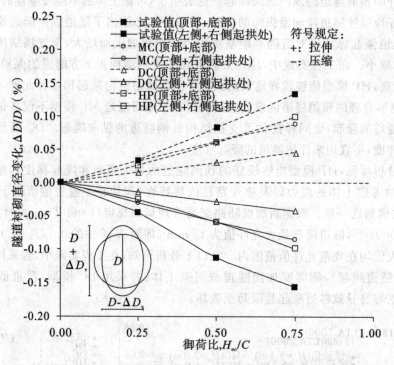

图 A-6 试验和数值得到的隧道横截面直径变化

A.4.4 隧道横截面弯曲应变

图 A-7(a) 为数值模拟得到的隧道横截面弯曲应变与离心模型试验结果的对比图。正值和负值分别表示拉压应变。三种本构模型都较合理地预测了离心试验结果：横截面弯曲应变呈对称分布，拉应变位于隧道顶部、肩部、腰部和底部，而压应变位于隧道起拱线处。MC，DC 和 HP 模型都低估了隧道横截面的最大弯曲拉应变，数值分别为 26%，56% 和 15%。可见，HP 模型预测的结果较好。美国混凝土协会（American Concrete Institute，2001）[31] 给出的无筋混凝土极限拉应变为 150 $\mu\varepsilon$。假设基坑开挖前，隧道中没有弯曲应变，那么预测得到的隧道横截面上的弯曲应变都在规定的范围。

A.4.5 隧道纵截面弯曲应变

图 A-7(b)为数值模拟得到的隧道纵截面弯曲应变与离心模型试验结果的对比图。正值和负值分别表示拉压应变，分别对应正负弯矩。数值和试验结果预测趋势一致。隧道纵截面弯曲应变沿基坑中心呈对称分布。试验得到的最大弯曲拉应变是最大压应变的 4 倍。MC，DC 以及 HP 模型得到的该量值分别为 4，3 和 4。可见，数值模拟预测结果与试验结果较一致。MC 和 HP 模型分别高估了隧道纵截面的最大弯曲拉应变 52% 和 38%，而 DC 模型低估了 24%。MC 模型预测得到的弯曲应变最大，为 105 $\mu\varepsilon$。若开挖前隧道纵向中的弯曲应变最大值大于 45 $\mu\varepsilon$，则隧道中将产生裂缝(ACI 224R，2001)[31]。

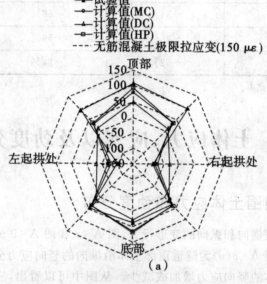

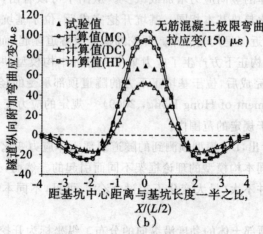

图 A-7 试验和数值得到的隧道
(a)横向弯曲应变；(b)纵向弯曲应变

A.4.6 数值模拟结果总结

表 A-3 为不同本构模型预测结果和离心试验结果对比图。正值表示高估了试验结果,负值表示低估了试验结果。从表中可以看出,HP 模型预测结果较好。HP 模型不仅能够预测隧道的最大隆起,还能较好地预测隧道的隆起梯度。该模型也可以用来预测隧道的横截面弯曲应变。然而,该模型高估了隧道的纵向弯曲应变,而低估了隧道的横截面衬砌变形。此外,必须注意到,三种本构模型均低估了隧道横截面的衬砌变形。

表 A-3 预测和试验结果对比

计算参数	Mohr-Coulomb	Duncan-Chang	Hypoplastic
隧道最大隆起	+46%	-33%	+19%
隧道隆起梯度	好	差	较好
隧道衬砌直径变化	-34%	-66%	-25%
隧道横截面弯曲应变	-26%	-56%	-15%
隧道纵向弯曲应变	+52%	-24%	+38%

注:正值高估,负值低估离心试验结果。

A.5 土体应力、应变以及劲度分析

A.5.1 隧道周围土体应力和劲度分布

为了更好地理解隧道横向和纵向的变形行为,图 A-8 和图 A-9 分别给出了隧道周围土体的应力和劲度分布。图 A-8(a)为隧道顶部土体沿纵向的竖向应力分布。正值和负值分别表示作用在隧道顶部土体的竖向应力增加或减少。从图中可以看出,三种本构模型预测得到的隧道顶部竖向应力变化趋势基本相同。基坑开挖完成后,位于基坑正下方的竖向应力大量减少,在基坑开挖范围内近似呈均匀分布。开挖卸荷导致隧道隆起,而支挡结构阻止其下方隧道的隆起,从而在支挡结构正下方产生了应力集中。三种本构模型预测得到此处的应力都在 50 kPa 以上。基坑开挖完成后,位于基坑正下方的隧道顶部承受的竖向应力超过了香港建筑署(The Building Department of Hong Kong, 2009)[33]规定的应力变化范围±20 kPa;支挡结构后的应力变化大多位于规定的范围内。

从图 A-8(a)可以看出,DC 模型预测到的隧道顶部土体应力变化最大,MC 模型次之,HP 模型最小。这是由于不同本构模型的理论框架不同而引起的。然而,必须注意到,三种本构模型预测得到的应力变化并不大(最大变化不超过 9%)。可见,不同本构模型的差别主要在于对土体劲度的预测。

图 A-8(b)为隧道顶部土体的劲度沿纵向的分布。纵坐标为开挖完成隧道顶部土体的劲度值(G_m)与开挖前隧道顶部土体劲度(G_0)之比,横坐标为距离基坑中心的距离与基坑开挖长度一半的比值。从图中可以看出,基坑开挖完成后,对位于基坑正下方的隧道顶部土体,MC

模型预测的劲度不变,而 DC 和 HP 模型的预测劲度分别变化为开挖前隧道顶部土体劲度(G_0)的 58% 和 9%。这是由于隧道顶部土体的应力释放(见图 A-8(a)),引起土体应变增大,MC 模型不能反映土体的劲度随应变的变化,而 DC 和 HP 模型都能考虑这一特性。土体的劲度越大,土体抵抗变形的能力越大,从而产生较小的变形。假定开挖前隧道顶部土体劲度(G_0)相同,则 HP 预测的隧道隆起最大,而 MC 预测的最小。而图 A-5 表明,MC 模型预测的隧道隆起最大,HP 模型次之,DC 模型最小。这是由于不同的本构模型中采用的 G_0 不同,沿隧道纵向,MC 模型采用的土体劲度最小,HP 模型次之,而 DC 模型中的土体劲度最大。图 A-9 中隧道横截面各土体单元的平均劲度关系表明了这一点。对于隧道周围土体单元,在任意开挖阶段,MC 模型预测的土体劲度均为常数;DC 模型预测得到的土体劲度随着应变的增大而减小,但在土体应变较小时变化不大;HP 模型预测的土体劲度随着应变(包括小应变)的增大而急剧减小。由于能够考虑土体的应力路径依赖以及应变依赖特性,HP 模型更能准确的描述土体的劲度随应变的变化趋势。

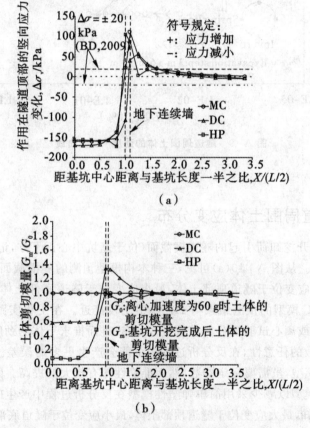

图 A-8 隧道顶部土体响应
(a)隧道顶部土体竖向应力变化;(b)隧道顶部土体劲度变化

从图 A-9 可以看出,由于 MC 模型预测得到的隧道纵向周围土体的平均劲度最小而 DC 模型预测得到的平均劲度最大,所以 MC 预测的隧道最大隆起以及纵向弯曲应变最大而 DC 最小,如图 A-5(a)所示。开挖完成后,对位于基坑正下方的隧道横截面,DC 模型预测的隧道横截面周围土体的劲度最大,因此隧道衬砌变形最小。对于 MC 和 HP 模型,在隧道顶部的土体,由于 HP 模型预测的土体劲度小于 MC 模型预测值,而隧道底部土体的劲度大于 MC 模型预测值(隧道起拱线处的大致相同)。因此,HP 模型预测的隧道衬砌横截面变形大于 MC 模型得到的,如图 A-6 所示。

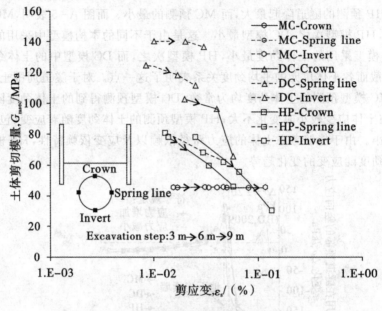

图 A-9　隧道周围土体的劲度-应变曲线

A.5.2　隧道周围土体应变分布

图 A-10 为基坑开挖卸荷引起的隧道横截面(位于基坑中心正下方,记为 S1)以及纵截面周围土体的应变分布。从图 A-10(a)可见,三种本构模型预测的隧横截面的弯曲应变大小及分布趋势一致。最大应变位于隧道顶部土体,最小应变位于隧道底部土体附近。应变范围为 0.02%～0.14%。MC 模型的预测结果与 HP 模型比较接近。在工程实践中,工程师可以采用 MC 模型进行现场或离心试验反分析获取应变分布,进而推求土体的劲度。然而,必须注意到,由于 MC 模型参数的任意性,在反分析过程中可能会产生更多的误差。在实际运用时,采用高级模型,如 HP 模型,虽需要标定参数,然而准确性却有较大的提高。因此,建议在工程实践中,尽量采用高级模型以减少采用简单弹塑性模型在反分析过程中产生的误差。

从图 A-10(a)可知,最大应变位于隧道顶部土体,最小应变位于隧道底部土体周围附近。因此,图 A-10(b)仅给出了位于隧道顶部和底部土体的应变分布。从图中可见,基坑开挖下方(包括支挡结构下方)隧道周围土体最大应变变化范围为 0.02%～0.34%。对位于支挡结构后的土体,应变随着距支挡结构距离的增大而减小。此外,还可以看出,沿隧道纵向,最大应变位于隧道顶部,最小应变位于隧道底部附近,这与隧道横截面周围土体的应变分布一致。HP 模型得到的土体应变最大,MC 模型次之,而 DC 模型得到的应变最小,但数量级相同。这表明,作为初步预测手段,简单的理想弹塑性模型也可以初步用来预测隧道周围土体的应变分布。

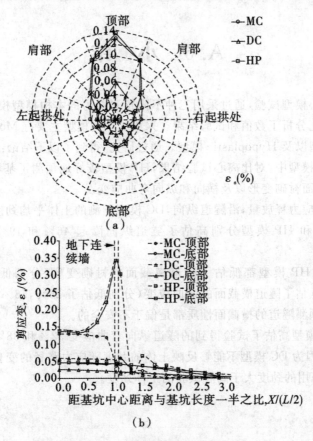

图 A-10 隧道周围土体的剪切应变
(a)横向;(b)纵向

A.5.3 考虑土体的小应变特性在工程实践中的意义

通过以上分析可以发现,采用简单的理想弹塑性模型是可以预测隧道的隆起、衬砌变形和弯曲应变的。然而,在实际工程中,当土体的应变增大到一定程度后是不能将土体的劲度视为常数的。例如,对于图 A-5,可以调整土体劲度使之较好的预测隧道的最大隆起,然而在距离基坑中心较远的位置,MC 模型依然高估了隧道的隆起值。采用 MC 的预测结果偏于安全,但可能也会造成不必要的投资。作为一种非线性弹性模型,DC 模型低估了位于基坑正下方的隧道隆起而高估了远离支挡结构后的土体。MC 以及 DC 模型都不能很好的预测隧道的隆起是因为它们都不能够很好的反映土体的小应变以及应力路径依赖特性。HP 模型不仅能够合理的预测隧道的最大隆起,也能够合理的预测隧道的隆起梯度。因此,在工程实践中,采用能够考虑土体基本性质的本构模型是必要的。

土体的小应变特性同样也对评估劲度的大小有影响,如图 A-9 所示。MC 模型的劲度为常数,DC 模型的劲度在应变较小时变化不大,而 HP 模型能够较好的反映土体的劲度随应变的变化情况。对于给定的应变范围,可大致确定 MC 模型的劲度参数,而 DC 模型和 HP 需要大量的参数标定和对参数的理解。这表明,选取本构模型取决于对需要研究问题的精度要求和现有的技术手段。

A.6 小 结

本附录基于离心模型试验,通过采用三种不同预测能力的本构模型模拟了基坑开挖引起隧道响应问题并对比分析了数值和试验结果。采用的本构模型主要有 Mohr-Coulomb 模型,Duncan-Chang 模型以及 Hypoplastic 模型。通过研究,得到了以下结论:

(1)在三种本构模型中,对比离心试验结果,HP 模型较好地预测了基坑坑底隆起、隧道隆起及梯度、隧道横截面衬砌变形以及横向和纵向弯曲应变。

(2)对于相同的应力释放量,沿隧道纵向,DC 模型预测的土体平均劲度最大,而 MC 预测的最小。因此,MC 和 HP 模型分别高估了隧道纵向隆起 46% 和 19%,而 DC 模型低估了 33%。

(3)MC,DC 和 HP 模型都低估了隧道横截面的衬砌变形(分别低估了 34%,66% 和 25%)。同样地,也低估了隧道横截面的弯曲应变(分别低估了 26%,56% 和 15%)。这表明,采用三种本构模型预测隧道的横截面性质都是偏于不安全的。

(4)MC 和 HP 模型高估了试验得到的隧道纵向弯曲应变 52% 和 38%。DC 模型低估了该参数 24%。这是因为 DC 模型不能够反映土体的劲度随应力路径的变化特性,从而导致开挖卸荷后 DC 模型采用的劲度大于离心试验的土体劲度。

参考文献

[1] 侯学渊,刘国彬,黄院雄. 城市基坑工程发展的几点看法[J]. 施工技术, 2000, 29(1): 5-7.

[2] Peck, R. B. Deep excavations and tunneling in soft ground[C]. Proc 7th International conference on soil Mechanics and foundation engineering, Mexico City, State of the Art Volume, 1969: 225-290.

[3] Peck, R. B. Advantage and limitations of the observational method in applied soil mechanics [J]. Geotechnique, 1969, 19(2): 171-187.

[4] Mana, A. I. and Clough, G. W. Predictions of movements for braced cut in clay [J]. Journal of Geotechnical Engineering, ASCE, 1981, 107(8): 759-777.

[5] Wong, K. S., Broms, B. B. lateral wall deflection of braced excavation in clays[J]. Journal of Geotechnical Engineering, ASCE, 1989, 107(8): 853-870.

[6] Clough, G. W. and O'Rourke, T. D. Construction induced movements of in situ walls[C]. In Proc. Design and performance of earth retaining structure, ASCE Special conference, Ithaca, New York, 1990: 439-470.

[7] Hashash, Y. M. A. and Whittle, A. J. Ground movement prediction for deep excavations in soft clays[J]. Journal of Geotechnical Engineering, ASCE, 1996, 122(6): 474-486.

[8] Burd, H. J., Houlsby, G. T., Augarde, C. E. and Liu, G. Modelling tunneling-induced settelement of masonry buildings[J]. Proceedings of the Institutive of Civil Engineers: Geotechnical Engineering, 2000, 143(1): 17-29.

[9] Ou, C. Y., Hsieh, P. G. and Chiou, D. C. Characteristics of ground surface settlement during excavation [J]. Canadian Geotechnical Journal, 1993, 30 (5): 758-767.

[10] Long, M. Database for retaining wall and ground movements due to deep excavation [J]. Journal of Geotechnical Geoenvironmental Engineering, ASCE, 2001, 127(3): 203-224.

[11] Moormann, C. Analysis of wall and ground movements due to deep excavations in soft soil based in a new worldwide database [J]. Soils and Foundations, 2004, 44(1): 87-98.

[12] Wang, Z. W., Ng, C. W. W., Liu, G. B. Characteristics of wall deflections and ground surface settlements in Shanghai[J]. Canadian Geotechnical Journal, 2005, 42(5): 1 243 - 1254.

[13] Terzaghi, K., Peck, R. B. Soil Mechanics in Engineering Practice [M], 1967.

[14] Bjerrum, M. D., Eide, O. Stability of strutted excavation in clay[J]. Geotechnique, 1956, 200: 1 - 16.

[15] 刘国彬,侯学渊. 软土基坑隆起变形的残余应力分析法[J]. 地下工程与隧道, 1996, 2: 2 - 7.

[16] 刘国彬,黄院雄,侯学渊. 基坑回弹的实用计算方法[J]. 土木工程学报, 2000, 33(4): 61 - 67.

[17] 徐彪,刘佳. 对深基坑坑底隆起问题的探讨[J]. 广西工学院学报, 2004, 15(1): 66 - 68.

[18] 宰金珉. 开挖回弹预测的简化方法[J]. 南京建筑工业学院学报, 1997(2): 23 - 27.

[19] Osman, A. S. and Bolton, M. D. (2006). Ground movement predictions for braced excavations in undrained clay[J]. Journal of Geotechnical Geoenvironmental Engineering, ASCE, 132(4): 465 - 477.

[20] Bolton, M. D. and Powrie, W. Behaviour of diaphragm walls in clay prior to collapse[J]. Geotechnique, 1988, 38(2): 167 - 189.

[21] Bolton, M. D., Britto, A. M., Powrie, W. and White, T. P. Finite element analysis of a centrifuge model of a retaining wall embedded in overconsolidated clay[J]. Computers and Geotechnics, 1989, 7: 289 - 318.

[22] Lam, S. Y. Ground movements due to excavation in clay: physical and analytical models[D]. PhD thesis, University of Cambridge, U. K, 2010.

[23] 张师德,张惠甸,周顺华. 徐家汇地铁车站槽坑稳定性研究[J]. 上海铁道学院学, 1993, 14(3): 17 - 29.

[24] 刘金元. 软土基坑的离心模型试验研究[D]. 上海:同济大学, 1999.

[25] 丁春林,周顺华,张师德. 基于离心模型试验的承压水基坑变形稳定影响因素[J]. 同济大学学报, 2005, 3(12): 1 586 - 1 591.

[26] Richards, D. J., Powrie, W. Centrifuge model tests on doubly propped embedded retaining walls in overconsolidated kaolin clay[J]. Geotechnique, 1998, 48(6): 833 - 846.

[27] 王凯民. 黏土层中悬臂式挡土壁开挖行为探讨[D]. 台北:国立中央大学, 2005.

[28] Kimura, T., Takemura, J., Hirroka, A. Excavation in soft clay using an in-fight excavator[C]. Proc., centrifuge 94, C. F. Leung, F. H. Lee and T. S. Tan: The Netherlands, Balkema, Rotterdmam, 1994: 649 - 654.

[29] Takemura, J, Kondoh, M, Esaki, T, Kouda, M & Kusakabe, O. Centrifuge model tests on double propped wall excavation soft clay[J]. Soils and Foundation, 1999, 39(3): 75 - 87.

[30] BTS. Specification for tunnelling. British Tunnelling Society (BTS) [S]. Thomas Telford, London, 2000.

[31] American Concrete Institute. Control of cracking in concrete structures (ACI 224 R-01) [S]. American Concrete Institute, Mich., USA, 2001.

[32] LTA. Code of practice for railway protection[S]. Development & Building Control Department, Land Transport Authority (LTA), Singapore, 2000.

[33] BD. Practice note for authorized persons APP-24. Technical notes for guidance in assessing the effects of civil engineering construction/building development on railway structures and operations[S]. Building department of the government of HKSAR (BD), 2009.

[34] WBTC. HKSAR Works Bureau, Environmental Transport and Works Bureau, Technical Circular No. 19/2002 — Mass Transit Railway Protection [S], May, 2002.

[35] 上海市市政工程管理局. 上海市政法(94)第854号上海市地铁沿线建筑施工保护地铁技术管理暂行规定[S]. 上海：上海市市政工程管理局(通知), 1994.

[36] Burford, D. Heave of tunnels beneath the Shell Centre, London, 1956-1986[J]. Geotechnique, 1986, 38(1): 155-157.

[37] Lo, K. Y., Ramsay, J. A. The effect of construction on existing subway tunnels—a case study from Toronto[J]. Tunnels and Deep Space, 1991, 6(3): 287-297.

[38] Liu, H. L., Li, P., and Liu, J. Y. Numerical investigation of underlying tunnel heave during a new tunnel construction[J]. Tunnelling and Underground Space Technology, 2010, 26(2): 276-283.

[39] 陈郁, 张冬梅. 基坑开挖对下卧隧道隆起的实测影响分析[J]. 地下空间, 2004, 24(5): 748-751.

[40] 况龙川, 李智敏, 殷宗泽. 地下工程施工影响地铁隧道的实测分析[J]. 清华大学学报: 自然科学版, 2000, 40(S1): 79-82.

[41] 吉茂杰, 陈登峰. 基坑工程影响隧道位移的施工工艺控制方法[J]. 中国市政工程, 2001, (2): 36-39, 42.

[42] 温锁林. 近距离上穿运营地铁隧道的基坑明挖施工控制技术[J]. 岩土工程学报, 2010, 32(S2): 451-454.

[43] 刘旻旻. 上海市人民路隧道跨越既有隧道的深基坑施工技术[J]. 施工技术, 2012, 41(1): 75-77.

[44] 张俊峰, 王建华, 陈锦剑. 跨越运营地铁隧道超大基坑开挖的土体参数反分析[J]. 上海交通大学学报, 2012, 46(1): 42-46, 52.

[45] 郑刚, 刘庆晨, 邓旭. 基坑开挖对下卧运营地铁既有箱体影响的实测及分析[J]. 岩土力学, 2012, 33(4): 1 109-1 116, 1 140.

[46] Sharma, J. S., Hefny, A. M., Zhao, J., Chan, C. W. Effect of large excavation on deformation of adjacent MRT tunnels[J]. Tunnelling and Underground Space Technology, 2001, 16: 93-98.

[47] 况龙川. 深基坑施工对地铁隧道的影响[J]. 岩土工程学报, 2000, 22

(3):284-288.

[48] 刘庭金. 基坑施工对盾构隧道变形影响的实测研究[J]. 岩石力学与工程学报,2008,27(增2):3 393-3 400.

[49] 李进军,王卫东. 紧邻地铁区间隧道深基坑工程的设计和实践[J]. 铁道工程学报,2011,(11):104-111.

[50] 肖同刚. 基坑开挖施工监控对临近地铁隧道影响分析[J]. 地下空间与工程学报,2011,7(5):1 013-1 017.

[51] 邵华,王蓉. 基坑开挖施工对邻近地铁影响的实测分析[J]. 地下空间与工程学报,2011,7(增刊1):1 403-1 408.

[52] 章仁财,梁广彦,江权兵. 打浦路隧道复线浦东深基坑施工与环境保护[C]//地下工程建设与环境和谐发展,上海:同济大学出版社,2009,793-803.

[53] 蒋洪胜,侯学渊. 基坑开挖对临近软土地铁隧道的影响[J]. 工业建筑,2002,32(5):53-56.

[54] 张治国,张谢东,王卫东. 临近基坑施工对地铁隧道影响的数值模拟分析[J]. 武汉理工大学学报,2007,29(11):93-97.

[55] 王卫东,沈健,翁其平. 基坑工程对邻近地铁隧道影响的分析与对策[J]. 岩土工程学报,2006,28(增刊):1 340-1 345.

[56] 高广运,高盟,杨成斌,等. 基坑施工对运营地铁隧道的变形影响及控制研究[J]. 岩土工程学报,2010,32(3):453-459.

[57] Dolezalova, M. Tunnel complex unloaded by a deep excavation[J]. Computers and Geotechnics,2001,28:469-493.

[58] Zheng, G., Wei, S. W. Numerical analyses of influence of overlying pit excavation on existing tunnels[J]. Journal of Central South University of Technology, 2008, 15(S2):69-75.

[59] 王卫东,吴江斌,翁其平. 基坑开挖卸荷对地铁区间隧道影响的数值分析[J]. 岩土力学,2004,25(S2):251-225.

[60] 张治国,张谢东,王卫东. 临近基坑施工对地铁隧道影响的数值模拟分析[J]. 武汉理工大学学报, 2007, 29(11):93-97.

[61] 魏少伟. 基坑开挖对坑底已建隧道影响的数值与离心试验研究[D]. 天津:天津大学,2010.

[62] Huang, X., Schweiger, H. F., Huang, H. W. Influence of deep excavations on nearby existing tunnels[J]. International Journal of Geomechanics, 2013, 13(2):170-180.

[63] Ng, C. W. W., Shi, J. W., Hong, Y. Three-dimensional centrifuge modelling of basement excavation effects on an existing tunnel in dry sand[J]. Canadian Geotechnical Journal, 2013, 50(8):874-888.

[64] 张望喜. 混凝土地基板静、动力特性试验与研究[D]. 长沙:湖南大学,2002:25-96.

[65] 廖少明. 圆形隧道纵向剪切传递效应研究[D]. 上海:同济大学,2002:26-105.

[66] 臧小龙. 软土盾构隧道纵向结构变形研究[D]. 上海:同济大学,2003:33-137.

[67] 徐凌. 软土盾构隧道纵向沉降研究[D]. 上海：同济大学，2005：32-125.

[68] 林永国. 地铁隧道纵向变形结构性能研究[D]. 上海：同济大学，2001：30-124.

[69] 刘国彬，黄院雄，侯学渊. 基坑工程下已运行地铁区间隧道上抬变形的控制研究与实践[J]. 岩石力学与工程学报，2001，20(2)：202-207.

[70] 吉茂杰，刘国彬. 开挖卸荷引起地铁隧道位移预测方法[J]. 同济大学学报，2001，29(5)：531-535.

[71] 青二春. 地铁隧道上方大面积卸载下的变形及控制模式研究[D]. 上海：同济大学，2007.

[72] 陈郁. 基坑开挖引起下卧隧道隆起的研究分析[D]. 上海：同济大学，2005.

[73] 刘浩. 地下建构筑物上方卸荷的影响研究[D]. 上海：同济大学，2005.

[74] Zhang, Z. G. Huang, M. S. and Wang, W. D. Evaluation of deformation response for adjacent tunnels due to soil unloading in excavation engineering[J]. Tunnelling and Underground Space Technology, 2013, 38:244-253.

[75] Zheng, G., Wei, S. W., Peng, S. Y., Diao, Y. and Ng, C. W. W. Centrifuge modeling of the influence of basement excavation on existing tunnel[C]. // Proc. Int. Conf. Physical Modelling in Geotechnics, Taylor London：& Francis Group, 2010：523-527.

[76] Huang, X., Huang, H. W., Zhang, D. M. Centrifuge modeling of deep excavation over existing tunnels[J]. Geotechnical Engineering. 2012.

[77] Hu, Z. F., Yue, Z. Q., Zhou, J., Tham, L. G. Design and construction of a deep excavation in soft soils adjacent to the Shanghai Metro tunnels[J]. Canadian Geotechnical Journal, 2003, 40(5)：933-948.

[78] 高广运，高盟，杨成斌，等. 基坑施工对运营地铁隧道的变形影响及控制研究[J]. 岩土工程学报，2010，32(3)：453-459.

[79] 冯世进，高广运，艾鸿涛，等. 邻近地铁隧道的基坑群开挖变形分析[J]. 岩土工程学报，2008，30(S)：112-117.

[80] 周建昆，李志宏. 紧邻隧道基坑工程对隧道变形影响的数值分析[J]. 地下空间与工程学报，2010，6(S1)：1398-1403.

[81] 戚科骏，王旭东，蒋刚，等. 临近地铁隧道的深基坑开挖分析[J]. 岩石力学与工程学报，2005，24(S2)：5485-5489.

[82] 梁发云，褚峰，宋著，等. 紧邻地铁枢纽深基坑变形特性离心模型试验研究[J]. 岩土力学，2012，33(3)：657-664.

[83] 毛朝辉，刘国彬. 基坑开挖引起下方隧道变形的数值模拟[J]. 地下工程与隧道，2005(4)：24-27.

[84] 李平，杨挺，刘汉龙，等. 基坑开挖中既有下穿地铁隧道隆起变形分析[J]. 解放军理工大学学报：自然科学版，2011，12(5)：480-485.

[85] Lee, K. M. The effect of excavation for building on existing underground tunnels[C]. Proc. of the Inter. Conference on soft soil Engineering. China：Gangzhou, 1993，393-400.

[86] Lo, K. Y. and Gonsalves, S. E. M. The effects of surface excavation on existing tunnels in urban areas[C]. XIII ICSMFE. India: New Delhi, 1994.

[87] Mak, L. M. and Liu, J. H. Geotechnical problems associated with substructure construction Geotechnical problems of rapidly developing area in China - Proc. of Seninar on Geotechnical Problems of Rapidly Developing area in China [C]. Geotechnical Division. Hong Kong Institutive of Engineers.

[88] Wang, J. H., Xu, Z. H. and Wang, W. D. Wall and ground movements due to deep excavations in Shanghai soft soil[J]. Journal of Geotechnical and Geoenvironmental Engineering, ASCE, 2010, 136 (7): 985 - 994.

[89] Seed, H. B., Idriss, I. M. Soil moduli and damping factors for dynamic response analyses, Report EERC 70 - 10. Berkeley, CA, USA: University of California, 1970.

[90] Iwasaki, T., Tatsuoka, F., Takagi, Y. Shear moduli of sands under cyclic torsional shear loading[J]. Soils and Foundations, 1978, 18 (1): 39 - 50.

[91] Simpson, B. Retaining structures: displacement and design[J]. Geotechnique, 1992, 42 (4): 541 - 576.

[92] Mair, R. J. Developments in geotechnical engineering research: application to tunnels and deep excavations[J]. Proceedings of the Institution of Civil Engineers: Civil Engineering, 1993, 97 (1): 27 - 41.

[93] Jovicic, V., Coop, M. R. Stiffness of coarse-grained soils at small strains[J]. Geotechnique, 1997, 47 (3): 545 - 561.

[94] Oztoprak, S., Bolton, M. D. Stiffness of sands through a laboratory test database [J]. Geotechnique, 2013, 63 (1): 54 - 70.

[95] Jardine, R. J., Potts, D. M., Fourie, A. B., Burland, J. B. Studies of the influence of non - linear stress strain characteristics in soil structure interaction[J]. Geotechnique, 1986, 36 (3): 377 - 396.

[96] Ng, C. W. W., Lings, M. L. Effect of modeling soil nonlinearity and wall installation on back - analysis of deep excavation in stiff clay[J]. Journal of Geotechnical Engineering, ASCE, 1995, 21 (10): 687 - 695.

[97] Addenbrooke, T. I., Potts, D. M., Puzrin, A. M. The influence of pre - failure soil stiffness on the numerical analysis of tunnel construction[J]. Geotechnique, 1997, 47 (3): 693 - 712.

[98] Hejazi, Y., Dias, D., Kastner, R. Impact of constitutive models on the numerical analysis of underground constructions [J]. Acta Geotechnica, 2008, 3 (4): 251 - 258.

[99] Masin, D. 3D modelling of a NATM tunnel in high K0 clay using two different constitutive models[J]. Journal of Geotechnical and Geoenvironmental Engineering, ASCE, 2009, 135 (9): 1 326 - 1 335.

[100] Svoboda, T., Masin, D. and Bohac, J. Class A predictions of a NATM tunnel in

stiff clay[J]. Computers and Geotechnics, 2010, 37 (6): 817-825.

[101] ABAQUS, Inc. ABAQUS User's and Theory Manuals[M]. Version 6.6, Providence Rhode Island, USA: ABAQUS, Inc., 2006.

[102] Mindlin, R. D. Force at a point in the interior of a semi-infinite solid[J]. Physics, 1936, 7(5):195-202.

[103] Vaziri, H., Simpson, B., Pappin, J. W., Simpson, L. Integrated forms of Mindlin's equations. Geotechnique, 1982, 32(3):275-278.

[104] Groth, N. N., Chapman, C. R. Computer evaluation of deformations due to subsurface loads in a semi-infinite elastic medium[D]. Australia: University of sydney,1969.

[105] Poulos, H. G., Davis, E. H. Elastic solutions for soil and rock mechanics[M]. New York: John Wiley & Sons, 1974.

[106] Duncan, J. M., Chang, C. Y. Nonlinear analysis of stress and strain in soils[J]. Journal of the Soil Mechanics and Foundations Division, ASCE, 1970, 96: 1 629-1 653.

[107] Japanese Civil Engineering Society. Code for Shield Tunnel and Explanation for Tunneling[S]. Beijing: China Architecture & Building Press, 2001.

[108] Muir Wood, D. Constitutive cladistics: the progeny of critical state soil mechanics. Proc. of the workshop on constitutive and centrifuge modeling: two extremes [C]. Switzerland, 2001.

[109] Springman, S. M. Soil structure interaction: idealization of validation and calibration of model. 1st Albert Caquot Conference[C]. Paris ,2001.

[110] Ng, C. W. W. The state-of-the-art centrifuge modeling of geotechnical problems at HKUST [J]. Journal of Zhengjiang University - SCIENCE A (Applied Physics & Engineering), 2014, 15(1): 1-20.

[111] 包承钢, 饶锡宝. 土工离心模型的试验原理[J]. 长江科学研究院报, 1998,15(2): 1-7.

[112] Ko, H. Y. Summary of the state of the art in centrifuge model testing[J]. The centrifuge in soil Mechanics, 1988:11-18.

[113] Schofield, A. N. Geotechnical centrifuge development can correct a soil mechanic error[C]. // Proc. Centrifuge 98, Tokyo,1998,1-8.

[114] Lei, G. H., Shi, J. Y. Physical meanings of kinematics in centrifuge modelling technique[J]. Rock and Soil Mechanics, 2003,24(2):188-193.

[115] Schofield, A. N. Cambridge Geotechnical Centrifuge Operations[J]. Geotechnique, 1980, 30(3):227-268.

[116] Garnier, J., Gaudin, C., Springman, S. M., Culligan, P. J., Goodings, D., Konig, D., Kutter, B., Phillips, R., Randolph, M. F. and Thorel, L. Catalogue of scaling laws and similitude questions in geotechnical centrifuge modeling[J]. International Journal of Physical Modelling in Geotechnics, 2007,

3:1-23.

[117] Butterfield, R. Dimensional analysis for geotechnical engineers [J]. Geotechnique, 1999, 49(3): 357-366.

[118] Ng, C. W. W., Van Laak, P., Tang, W. H., Li, X. S., and Zhang, L. M. The Hong Kong geotechnical centrifuge [C]. Proc. 3rd Int. Conf. Soft Soil Engineering, 2001: 225-230.

[119] Ng, C. W. W., Van Laak, P. A., Zhang, L. M. Tang, W. H., Zong, G. H., Wang, Z. L., Xu, G. M. and Liu, S. H. Development of a four-axis robotic manipulator for centrifuge modeling at HKUST. Proc. Int. Conf. Physical Modelling in Geotechnics [C], St. John's Newfoundland, Canada, 2002, 71-76.

[120] Tatsuoka, F., Goto, S., Sakamoto, M. Effect of some factors and strength and deformation characteristics of sand at low pressure [J]. Soils and Foundations, 1986, 26(1): 105-114.

[121] Tatsuoka F., Shibuya S. Deformation properties of soils and rocks from field and laboratory test [C]. Keynote Lecture Proc. IX ARCSMFE, Bangkok, 1991.

[122] Ishihara, K. Liquefaction and flow failure during earthquakes [J]. Geotechnique, 1993, 43(3): 351-415.

[123] Ovesen, N. K. Discussion on the use of physical models in design [C]. Proc. 7th European Conference on Soil Mechanics and Foundation Engineering, Brighton, 1991, 4: 319-323.

[124] Bolton, M. D., Gui, M. W., Philips, R. Review of miniature soil probes for model tests [C]. Proc. 11th Southeast Asian Geotechnical Conference, Singapore, 1993: 85-90.

[125] Taylor, R. N. Buried structures and underground excavations. Geotechnical Centrifuge technology, [C] 1995: 93-117.

[126] Romano, M. A. A continuum theory for granular media with a critical state[J]. Archive of Mechanics, 1974, 26(20): 1 011-1 028.

[127] Kolymbas, D. An outline of hypoplasticity[J]. Archive of Applied Mechanics, 1991, 61: 143-151.

[128] Lanier, J., Caillerie, D., Chambon, R., Viggiani, G., Besuelle, P. and Desrues, J. A general formulation of hypoplasticity[J]. International Journal for Numerical and Analytical Methods in Geomechanics, 2004, 28: 1 461-1 478.

[129] Gudehus, G. A comprehensive constitutive equation for granular materials[J]. Soils and Foundations, 1996, 36(1): 1-12.

[130] Bauer, E. Calibration of a comprehensive constitutive equation for granular materials[J]. Soils and Foundations, 1996, 36(1): 13-26.

[131] Von Wolffersdorff, P. A. A hypoplastic relationship for granular material with a predefined limit state surface[J]. Mechanics of Cohesive-frictional Material,

1996,1：251-271.

[132] Kuwano, R., Jardine, R. J. A triaxial investigation of kinematic yielding in sand [J]. Geotechnique, 2007, 57(7)：563-579.

[133] Gasparre, A. Advanced laboratory characterisation of London Clay[D]. London: University of London 2005.

[134] Richardson, D. Investiaations of threshold effects in soil deformation[D]. London, 1988.

[135] Atkinson, J. H., Richardson, D. and Stallebrass, S. E. Effect of recent stress history on the stiffness of overconsolidated soil[J]. Geotechnique, 1990, 40(4)：531-540.

[136] Niemunis, A. and Herle, I. Hypoplastic model for cohensionless soils with elastic strain range[J]. Mechanics of Cohesive-frictional Material, 1997, 2：279-299.

[137] Herle, I. and Gudehus, G. Determination of parameters of a hypoplastic constitutive model from properties of grain assemblies[J]. Mechanics of Cohesive-frictional Materials, 1999, 4(5)：461-486.

[138] Maeda, K. and Miura, K. Relative density of dependency of mechanical properties of sands[J]. Soils and Foundations, 1999, 39(1)：69-79.

[139] Yamashita, S., Jamiolkowski, M. and Lo Presti, D. C. F. Stiffness nonlinearity of three sands[J]. Journal of Geotechnical and Geoenvironmental Engineering, ASCE, 2000, 126(10)：929-938.

[140] Li, A. Z., and Lehane, B. M. Embedded cantilever retaining walls in sand[J]. Geotechnique, 2010, 60(11)：813-823.

[141] Gaba, A. R., Simpson, B., Powrie, W. and Beadman, D. R. Embedded retaining walls: Guidance for economic design. C580[J]. London: Construction Industry Research and Information Association, 2003.

[142] Ge, X. W. Response of a shield-driven tunnel to deep excavations in soft clay [D]. HKSAR: The University of Hong Kong Science and Technology, 2002.

[143] 姚文宏,廖小根,马海龙,魏纲. 基坑开挖对下方既有盾构隧道影响的研究综述[J]. 基础与结构工程, 2013, 2(31)：105-110.

[144] 胡瑞灵. 深基坑施工引起运营隧道变形的数值分析[J]. 中国市政工程, 2012, 2：92-95.

[145] Bolton, M. D. The strength and dilatancy of sands[J]. Geotechnique, 1986, 36(1)：65-78.

[146] Zhang, F., Jin, Y., Ye, B. A try to give a unified description of Toyoura sand [J]. Soils and Foundations, 2010, 50(5)：679-693.

[147] Kulhawy, F. H., Duncan, J. M. Stresses and movements in Oroville Dam[J]. Journal of the Soil Mechanics and Foundations Division, ASCE, 1972, 98(SM7)：653-655.

[148] Maeda, K., Miura, K. Confining stress dependency of mechanical properties of

sands[J]. Soils and Foundations, 1999, 39 (1): 53-67.

[149] Powrie, W., Pantelidou, H., Stallebrass, S. E.. Soil stiffness in stress paths relevant to diaphragm walls in clay[J]. Geotechnique, 1998, 48 (4): 483-494.

[150] Clayton, C. R. I.. Stiffness at small strain: research and practice[J]. Geotechnique, 2011, 61 (1): 5-37.

[151] Wu, W., Bauer, E., Kolymbas, D.. Hypoplastic constitutive model with critical state for granular materials[J]. Mechanics of Materials, 1996, 23 (1): 45-69.

[152] Masin, D. Hypoplastic Cam-clay model. Geotechnique, 62 (6): 549-553.

[153] Masin, D. Clay hypoplasticity with explicitly defined asymptotic states[J]. Acta Geotechnica, 2013, 8 (5): 481-496.

[154] Masin, D. Clay hypoplasticity model including stiffness anisotropy[J]. Geotechnique, 2014, 64 (3): 232-238.

[155] Gudehus, G., Amorosi, A., Gens, A., Herle, I., Kolymbas, D., Masin, D., Muir Wood, D., Niemunis, A., Nova, R., Pastor, M., Tamagnini, C., Viggiani, G. The soilmodels. info project[J]. International Journal for Numerical and Analytical Methods in Geomechanics, 2008, 32 (12): 1 571-1 572.

[156] Sun, H. S., Lei, G. H., Ng, C. W. W., Zheng, Q. Displacements under linearly distributed pressures by extended Mindlin's equations[J]. Computers and Geotechnics, 2013, 50: 143-149.

[157] Lei, G. H., Sun, H. S., Ng, C. W. W. An approximate analytical solution for calculating ground surface settlements due to diaphragm walling[J]. Computers and Geotechnics, 2014, 61: 108-115.

[158] Ng, C. W. W., Sun, H. S., Lei, G. H., Shi, J. W and Mašín, D. Ability of three different soil constitutive models to predict a tunnel's response to basement excavation[J]. Canadian Geotechnical Journal, 2015, 52(11): 1685-1698.

[159] Ng, C. W. W., Shi, J. W., Mašín, D., Sun, H. S., and Lei, G. H. Influence of sand density and wall stiffness on three-dimensional tunnel responses due to basement excavation[J]. Canadian Geotechnical Journal 2015, 52 (11): 1811-1829.